RECOGED LA COSECHA

Cómo Organizar un Sistema Celular para el Crecimiento de su Iglesia

Joel Comiskey

Copyright © 2001, 2011, 2016, 2020 por Joel Comiskey

Publicado por CCS Publishing
23890 Brittlebush Circle
Moreno Valley, CA
www.joelcomiskeygroup.com
1-888-511-9995

Título del libro en Inglés: "Reap the Harvest"
Publicado por TOUCH Publications
ISBN (en Inglés/English version): 1-880828-13-8
Copyright 1999, 2020 por Joel Comiskey

Traducido por Edmundo Goodson
Originalmente publicado en Español por Editorial Clie
Interior: Sarah Comiskey

Todos los derechos reservados en todo el mundo. Ninguna parte de esta publicación puede ser duplicada o transmitida en forma alguna o por medio alguno, electrónico o mecánico, incluyendo fotocopias, grabaciones o cualquier otro sistema de almacenamiento de información, sin el permiso por escrito de CCS Publishing.

Todas las citas bíblicas, a menos que se indique lo contrario, son de la Santa Biblia, Nueva Versión Internacional, Copyright © 1973, 1978, 1984 por Sociedades Bíblicas Internacional. Usados con permiso.

ISBN 978-1-950069-03-3

Elogios de *Recoged la Cosecha*

«¡Este libro TIENE que ser leído por todos los que tengan aunque sea un pequeño interés por los grupos celulares! Yo tendría que saberlo. Durante los últimos 23 años he hablado y consultado con cientos de iglesias celulares. En este único volumen el Dr. Comiskey traza la base bíblica e histórica de los grupos, explica los tipos de sistemas de los grupos prevalecientes y nos da una visión práctica y los principios para una transición funcional para llegar a ser una iglesia celular eficaz.»

— **KAREN HURSTON** Ministerios Hurston

«Recoged la Cosecha contiene valiosas revelaciones para todo aquel que está comprometido con la edificación de una iglesia celular balanceada y saludable, conforme al modelo del Nuevo Testamento.»

— **LARRY KREIDER** Founder Director Internacional, Comunidad Cristiana Internacional DOVE

«Si usted quiere transformar sus "miembros pasivos en pastores", lea este libro. Joel Comiskey compara y define los diferentes modelos basados en pequeños grupos y presenta la iglesia celular como la campeona de los conceptos para el crecimiento de la iglesia en todo el mundo. Nos muestra cómo cada miembro del Cuerpo de Cristo puede "experimentar la iglesia verdadera de una manera dinámica".»

— **BILLY HORNSBY** Directos Nacional, Red de la iglesia Celular Betania

«Esta lectura es absolutamente obligatoria si quiere verdaderamente hacer iglesia según se desarrolla en el Nuevo Testamento.»

— **BOB DAVIS** Pastor Principal, Iglesia de Dios de Long Reach

Elogios de *Recoged la Cosecha*

"Estoy realmente entusiasmado con Recoged la Cosecha. Joel Comiskey conoce los principios comprobados del ministerio celular exitoso. Viajó por todo el mundo para descubrirlos y luego los probó en el crisol de su propia experiencia. Este libro ofrece las revelaciones prácticas que vuelven la promesa del ministerio celular en una realidad dinámica."

— **JIM EGLI** Director de Entrenamiento, Ministerios para la Evangelización TOUCH

"Este acertado libro le ayudará a aprender de algunos de los ministerios de los grupos pequeños más exitosos en el mundo y le dará un claro enfoque sobre el sistema que usted necesitará en su iglesia para producir pequeños grupos y multiplicar su ministerio y evangelización. Pocas personas como Joel Comiskey entienden la importancia de ubicar correctamente un sistema funcional para el ministerio de los pequeños grupos para lograr los resultados deseados."

— **DALE E. GALLOWAY** Deán, Centro Internacional Beeson

"Tantas iglesias siguen por décadas sin poder romper la "barrera de los 200"... o cumplir su potencial. Una razón es que carecen de la infraestructura necesaria para crecer. Recoged la Cosecha es una excelente guía de 'cómo-lograr' para la vida del grupo celular con un propósito: la cosecha. ¡Si tan sólo fuera por el capítulo sobre el cambio el libro vale la pena! Esta es una herramienta práctica, poderosa y útil que le salvará de los errores comunes y le guiará a un crecimiento saludable, a una calidad vital y abundante."

— **KENT R. HUNTER** El Doctor de la Iglesia

Elogios de *Recoged la Cosecha*

"La mayoría de los libros sobre los grupos celulares tienen un punto de vista demasiado estrecho. En muchos de ellos, el propósito del autor parece ser el de convencer a los lectores que su sistema es el mejor. ¡Este libro es diferente! En él, Joel Comiskey nos da un cuadro amplio de una manera concisa y fácil de entender. Usted podrá ver claramente las fortalezas y debilidades de muchos modelos diferentes, y luego decidir cuál de ellos es el mejor para usted."

— **C. PETER WAGNER** Rector, Instituto de Líderes Wagner

"Me encantaría visitar algunas de las iglesias celulares de crecimiento más rápido alrededor del mundo. Pero, al igual que la mayoría de los pastores, no tengo el dinero ni el tiempo. Joel Comiskey ha realizado los viajes y la investigación y ha escrito un recurso para todos nosotros. Su combinación de una investigación minuciosa y una aplicación práctica hace que este recurso sea una obra que todo pastor o equipo de personas que están plantando iglesias o realizando una transición a una iglesia celular, debe leer."

— **MICHAEL MACK** La Red del Pequeño Grupo

"Una vez más el Dr. Joel Comiskey ha escrito el libro más útil para todos los que estén interesados en el uso de los grupos pequeños como un medio para la evangelización. Aprecio el equilibrio de este libro: con su énfasis tanto sobre el crecimiento en números como también el crecimiento en profundidad. Esta es una reflexión madura sobre el movimiento de los pequeños grupos al nivel mundial que edifica sobre lo que otros han descubierto, pero luego va mucho más allá de este punto a nuevas verdades."

— **RICHARD PEACE** Profesor, Seminario Teológico Fuller

Dedicado

A mi esposa CELYCE

Mi mejor amiga y constante aliento

Tabla de Contenido

Prefacio	11
Introducción	13

I: Prepare su iglesia para el crecimiento

Capítulo 1: Entienda el crecimiento de la iglesia	21
Capítulo 2: Aprenda de las iglesias que recogen su cosecha	31
Capítulo 3: Edifique un fuerte sistema celula	37

II: Establezca su iglesia sobre las dinámicas espirituales

Capítulo 4: Dependa del Espíritu.	49
Capítulo 5: Recoja los beneficios de la iglesia celular	53
Capítulo 6: Siga a la iglesia primitiva	67

III: Estructure su Iglesia para el Crecimiento

Capítulo 7: Entienda qué es una célula	83
Capítulo 8: Concéntrese en una cosa	95
Capítulo 9: Haga sonar la trompeta	101
Capítulo 10: Desarrolle un sistema de apoyo	107
Capítulo 11: Establezca nuevos líderes	115
Capítulo 12: Afine los detalles	123

Tabla de Contenido

Capítulo 13: Excelencia de la celebración	141
Capítulo 14: Prepárese para la transición	147
Capítulo 15: Elija pasos concretos para llegar a ser una iglesia celular	155
Capítulo 16: Aprenda de Mark McGwire	167
Apéndice: Recursos de Joel Comiskey	173
Notas	179

Prefacio

Pocas cosas han afectado a las iglesias en todo el mundo tan dramáticamente como las células. A lo largo de Europa, Asia, África, y América del Norte y del Sur, hay hambre por conocer cómo desarrollar una iglesia celular. Cuando el Señor empezó a hablarme sobre la transición de Betania para transformarla en una iglesia celular, leí muchísimo sobre los distintos modelos celulares y luego llevé mi personal pastoral a las iglesias exitosas alrededor del mundo para estudiar los modelos celulares en el lugar. En cada lugar, vimos iglesias rebosando por la vida y la alegría del Señor. Miles y miles de personas se estaban convirtiendo y eran cuidadosamente integradas en las iglesias celulares bien definidas. Lo que vi confirmaba lo que Dios me estaba diciendo: prepárate para la cosecha que se avecina.

Quizá por eso el título del libro del Dr. Comiskey me intriga: Recoged la Cosecha. Estoy convencido que el Espíritu Santo está hablando a los corazones de los pastores y líderes alrededor del mundo de una enorme cosecha de almas que se avecina y para la que debemos estar preparados. Dios nos está dando la oportunidad de preparar nuestras "redes" para la gran cosecha final de almas. Durante los últimos seis años, Betania ha estado re-estructurándose y ha llegado a ser ahora toda una iglesia celular. Sin disculpas, comemos, bebemos, y respiramos "las células," y estamos viendo el fruto de nuestros esfuerzos y de la guía del Espíritu Santo. A través de las relaciones de las células, estamos alcanzando casas, negocios, escuelas, y gobiernos como nunca antes.

Los principios que el Dr. Comiskey identifica en este libro son esenciales para que la iglesia realice la transición a una iglesia basada en células y para aquellos que quieren mejorar las células. Su declaración de que existe un mundo de diferencia entre una "iglesia con células" y una "iglesia celular" es una verdad indiscutible. Porque no queremos que se nos distraiga, todo en nuestra iglesia tiene relación con las células. Cuando se salvan las personas, intégrelos inmediatamente a un grupo celular. Ellos no saben otra cosa; de modo que para ellos, la iglesia debe ser una iglesia celular. Evangelizamos a través de las células, pastoreamos a través de las células, y surgen líderes y los entrenamos a través de las células.

Si usted es un pastor o un líder de su iglesia que está considerando en oración el cambio a una iglesia basada en células, quizás tenga temor que las células alterarán la identidad y singularidad de su iglesia. Betania siempre se ha concentrado en la oración, las misiones, y la evangelización. Puedo decir honestamente que, como resultado de las células, estamos orando con más fervor, estamos haciendo innovaciones en la manera de evangelizar y estamos al borde de una tremenda cosecha de las misiones. Las células sólo han reforzado nuestra identidad. Si estudia los principios de la iglesia celular y permite que el Espíritu Santo lo guíe en el proceso de la transición, su iglesia llegará a ser más fuerte y más saludable, con un sentido renovado de su identidad. ¡Prepárese para 'Recoger la Cosecha' en los campos alrededor de su iglesia!

Larry Stockstill
Pastor Principal, Centro de Oración Mundial Betania

Introducción:
¿Puede crezer su iglesia?

Más personas se han convertido a Cristo en los últimos 10 años, que en toda la historia anterior de la iglesia. Cada día, 140,000 personas están viniendo al Señor! Ese número es 46 veces mayor que la cantidad que creyó en el día de Pentecostés. En China, un país oficialmente cerrado al Evangelio, más de 20,000 vienen al Señor por día.[1] El número de evangélicos se ha duplicado en poco más de 10 años, haciendo que este grupo sea el movimiento o religión que crece más rápidamente en el mundo.[2]

¿Pero la iglesia en Norte América guarda paso con el crecimiento excitante que el resto del mundo está experimentando? Por supuesto, la respuesta es que la iglesia en Norte América se ha estancado. La asistencia a las iglesias en los Estados Unidos es baja en todo momento.[3] Más de 80 por ciento de las iglesias en EE.UU. se han estancado o tienen una asistencia cada vez menor los domingos a la mañana.[4] Una tercera parte de las iglesias americanas nunca crecen más allá de 50 miembros; dos tercios nunca crece más allá de 150 miembros; y sólo 5 por ciento tiene más de 350 miembros.

Norte América iba primero en el mundo exportando el cristianismo. Ahora sólo oímos hablar de un crecimiento asombroso en otras partes del mundo. ¿Cuál es el remedio para los males que confrontan las iglesias en Norte América?

Creo que Dios quiere que recojamos la cosecha una vez más en Norte América. Muchas iglesias hoy día sienten la necesidad de volver a los grupos pequeños como está diseñado para nosotros en el Nuevo Testamento. Ellos están escogiendo concentrarse para satisfacer las necesidades de su pueblo por medio de las células y la celebración. Muchas de estas iglesias celulares están experimentando un crecimiento fenomenal. Las iglesias están viendo el potencial y poder del ministerio celular. Christian A. Schwarz, en su reciente libro, "Natural Church Development" (El Desarrollo Natural de la Iglesia), examina los distintos factores que influyen en el crecimiento de la iglesia en más de 1,000 iglesias en 32 países. Y termina diciendo: "Si fuéramos a identificar cualquier principio como el "más importante," entonces sin lugar a dudas sería la multiplicación de los grupos pequeños."[5]

Las iglesias celulares son iglesias que crecen. Este libro le mostrará cómo organizar su iglesia para que crezca con el ministerio celular. Lo desafiará a volver a repensar la estructura de su iglesia y lo preparará para alcanzar y recibir una cosecha mayor.

Usted empezó un ministerio de grupos pequeños pero...

¿Pero qué hay de los fracasos? Muchas iglesias han intentado tener grupos celulares y han fallado. Muchos alegan que los grupos pequeños han causado divisiones en la iglesia, han hecho que algunos pastores se vayan, y dieron lugar a la proliferación de enseñanzas equivocadas. "Estoy aquí para hacerle saber que nosotros no creemos en el ministerio celular. Los grupos pequeños causan demasiadas divisiones." Con esta declaración un miembro prominente de la comisión logró eliminar exitosamente nuestra iniciativa pastoral para llegar a ser una iglesia celular. Este miembro de la comisión recordó el fracaso al comenzar unos años antes un ministerio de grupos pequeños: Se habían encontrado los líderes; se comenzaron cinco grupos; y luego fueron abandonados para sufrir una muerte lenta y dolorosa. Estas experiencias han causado oposición para el ministerio de los grupos celulares. Quizá su experiencia con el ministerio de los grupos pequeños ha producido sentimientos similares. Usted no está solo.

Sin embargo cuando usted examina las iglesias que fallaron con los grupos pequeños, los problemas centrales no tienen nada que ver con el grupo celular mismo. Más bien, los problemas tienen que ver con el sistema detrás del grupo celular. Por consiguiente, este libro no tiene que ver sobre el comienzo de más grupos pequeños en su iglesia. Probablemente ya lo ha hecho. Y posiblemente los ha visto marchitar a través de los años.

El propósito de este libro es ayudar a su iglesia a prepararse para crecer desarrollando un sistema celular sólido. ¿Por qué? Para que pueda cuidar adecuadamente y alimentar sus células por mucho tiempo.

Los sistemas celulares fuertes producen células eficaces. Las iglesias que rápidamente comienzan sus células a menudo las ven desaparecer con el tiempo. La diferencia está en el sistema que usted desarrolla, no en el modelo mismo de la célula. Esta es la razón por qué algunas iglesias celulares tienen éxito mientras que otras se marchitan.

Iglesias celulares exitosas

Las iglesias más grandes del mundo están estructuradas para contener un crecimiento ilimitado. Su estrategia pone el grupo celular y la celebración en el centro de su agenda. Las iglesias celulares cuidan sus células y también saben recoger su cosecha en grandes cultos de celebración.

Posiblemente usted estará pensando: "Pero yo sé que la celebración, la congregación y la célula son importantes. He leído sobre eso durante años." Y sí, los que estudian el fenómeno del igle-crecimiento han escrito durante mucho tiempo sobre las tres "C". Sin embargo, mientras reconocen la importancia de estos tres elementos, las iglesias todavía han abierto las células sin establecer primero un sistema celular fuerte. Han agregado grupos celulares sin construir la infraestructura común a todas las iglesias celulares exitosas.

Muchos pastores y líderes de la iglesia leen sobre el ministerio de los grupos celulares y se llenan de expectativas para su iglesia. Se entusiasman sobre la perspectiva del éxito y empiezan a soñar. Así que comienzan algunos grupos pequeños. Pero muchos no comprenden que están erigiendo una casa con un fundamento equivocado. El ministerio de los grupos celulares fue comenzado sin entender lo que era necesario para hacer el trabajo de las células.

Algunas iglesias toman otra ruta. Antes que el Centro de Oración Mundial Betania realizara la transición al sistema celular, los pastores fueron enviados a las iglesias celulares más grandes del mundo. Tomaron apuntes cuidadosos sobre los distintos sistemas celulares que observaron. Con esta información y un conocimiento completo de su propio contexto, Betania cavó profundamente y erigió una infraestructura celular que sirve de modelo de la eficacia de la iglesia celular para el resto del mundo.

Quizá usted, como la mayoría de las personas, no pueda visitar las iglesias celulares exitosas alrededor del mundo. Este libro se escribió para usted. Yo he sido bendecido con la oportunidad de estudiarlos por usted, y creo que los principios de estos modelos pueden ayudarle a preparar su iglesia para recoger la cosecha. Estas iglesias se localizan en ocho países diferentes y cuatro culturas distintas. Los vemos en la siguiente tabla:

Abreviatura	Nombre de la Iglesia	País	Pastor Principal	No. de Células	No. de asistentes en celebración
COMB	Centro de Oración Mundial Betania	Baker, Louisiana	Larry Stockstill	800	8,000
CCG	Centro Cristiano de Guayaquil	Guayaquil, Ecuador	Jerry Smith	1,000	7,000
IE	Iglesia Elim	San Salvador El Salvador	Mario Vega	11,000	35,000
IBCF	Iglesia Bautista Comunidad de Fe	Singapore	Lawrence Khong	700	10,000
MCI	Misión Carismática Internacional	Bogotá, Colombia	César Castellanos	10,000	35,000 [6]
IAmV	Iglesia Amor Vivo	Tegucigalpa, Honduras	René Peñalba	1,000	8,000
IagV	Iglesia Agua Viva	Lima, Perú	Peter Bobbio	1,000	9,000
IPEY	Iglesia del Pleno Evangelio Yoido	Seúl, Korea	David Cho	25,000	253,000 [7]

Pasé un promedio de ocho días en cada iglesia. Más de 700 líderes celulares completaron un cuestionario diseñado para descubrir por qué algunos líderes pueden multiplicar sus grupos y otros no.

La base de mi estudio fue extendida para incluir varias iglesias que usan el Meta Modelo en EE.UU., como la Iglesia Comunidad Willow Creek (Barrington del Sur, Illinois), Iglesia de la Comunidad Saddleback (Saddleback, California), Viña de Cincinnati (Cincinnati, Ohio), Iglesia de la Comunidad Nueva Esperanza (Portland, Oregón), Iglesia Alianza

Fairhaven (Dayton, Ohio), y la Iglesia Nueva Vida (Colorado Springs, CO).

Este libro, entonces, investiga cómo y por qué las iglesias que han construido sobre un fundamento de pequeños grupos crecen tan rápidamente y lo que podemos aprender y adaptar de sus sistemas. Este libro es para pastores y líderes no ordenados interesados en poner su iglesia a punto para el crecimiento.

Sección Uno

Prepare su iglesia para el crecimiento

Capítulo Uno

Entienda el crecimiento de la iglesia

La palabra "igle-crecimiento" provoca una reacción negativa en muchas personas. Algunos dicen que los defensores del igle-crecimiento se han vendido a la mundanalidad para "atraer" a las personas nuevas. "Venga a mi iglesia y oiga hablar acerca de todo lo que estoy haciendo" es a menudo el tema del último seminario de igle-crecimiento.

¿Asistió en alguna oportunidad a uno de estos seminarios? Yo sí. Como pastor nuevo asistí a muchos de ellos, esperando que algo funcionaría. Escuchaba, me entusiasmaba, intentaba aplicar las técnicas más recientes, y finalmente las abandonaba cuando un método más nuevo de igle-crecimiento lograba interesarme.

A esta altura de mi vida, yo no había articulado mi filosofía del ministerio. Yo no veía a Dios deseando atraer a Sí Mismo a los hombres y mujeres que Él había creado. De hecho, casi parecía como que Dios no estaba interesado en salvar almas. Mi iglesia no estaba creciendo tan rápido como yo esperaba. Yo quería que las personas fueran salvas así yo podría ser considerado "exitoso"; así que 'obligué' a Dios a producir el crecimiento numérico.

La fascinación del éxito norteamericano y las últimas enseñanzas de igle-crecimiento hace que muchos pastores sinceros y piadosos caigan en una fuerte lucha interior. Richard Halverson, el capellán anterior del Senado americano, dijo: "Cuando la fe comenzó en Palestina, empezó con una relación con una persona, se trasladó a Grecia y se volvió una filosofía, se trasladó a Roma y se volvió una institución, se trasladó a Europa y llegó a ser una cultura, llegó a EE.UU. y se volvió una empresa."[1] Y sigue diciendo: "La iglesia es un negocio grande en

EE.UU. El empresario es el pastor de la iglesia grande. ... Sin embargo, al 95 por ciento de los pastores implícitamente, si no explícitamente, les están diciendo: 'Hermano, si está haciendo un buen trabajo, usted estará en la cima.'"[2]

Pero no confundamos la última novedad con los principios originales del crecimiento de la iglesia delineados por Donald McGavran en su libro "Understanding Church Growth" (Entendiendo el Crecimiento de la Iglesia). Antes de leer este libro, yo era un crítico feroz de la filosofía del igle-crecimiento. Después de pastorear una iglesia durante casi cinco años, no quise tener nada que ver con este movimiento. Hasta llegué a resistir a tomar un curso requerido denominado "Igle-Crecimiento." Discutí acaloradamente con un colega sobre los méritos del crecimiento de la iglesia sólo unos días antes del comienzo del curso.

Mi profesor, C. Pedro Wagner, me sorprendió abiertamente discutiendo las críticas comunes del igle-crecimiento, y pidió que cada estudiante leyera un libro cuya posición estuviera CONTRA el mismo. Wagner también nos pidió que leyéramos "Understanding Church Growth" (Entendiendo el Crecimiento de la Iglesia), que me ayudó a comprender que el crecimiento de la iglesia no es un método diseñado para "hacer que yo tenga éxito" como pastor. Más bien, se concentra en la evangelización de los perdidos para que no pasen la eternidad en el infierno. La pasión de McGavran por la evangelización penetra cada página de ese libro.

Mientras pesaba los puntos a favor y en contra del crecimiento de la iglesia, yo enfrentaba una decisión. ¿Aceptaría el punto sencillo de McGavran sobre ganar a los perdidos y discipularlos a través de la iglesia de Cristo, o continuaría rechazando esta nueva filosofía? A pesar de la amplia gama de críticas contra ella, la filosofía del igle-crecimiento me obligaba a aceptarla.

Descubrí después que el finado Donald McGavran animó a Ralph Neighbour, hijo, a investigar el movimiento de la iglesia celular, a visitar la iglesia de David Yonggi Cho, y descubrir cómo el ministerio celular había revolucionado dicha iglesia.

Crezca tanto en calidad como en cantidad

¿Qué clase de crecimiento quiere Dios? El debate sobre "calidad versus cantidad" ha sido una lucha continua en la iglesia durante años. "Yo me preocupo más por la calidad que por la cantidad," dicen algunos. "Yo no pierdo tiempo con el juego de los números," afirman otros. Estos argumentos tienen sus méritos, porque Dios está interesado en los detalles diminutos de nuestras vidas, incluso los mismos cabellos de nuestra cabeza. Llenar tablas enteras de estadísticas mientras se pasa por alto a las personas es malo.

Pero también debemos estar preocupados por las multitudes. El ministerio de Cristo en esta tierra era una agitación de visitas a las aldeas, pueblos y ciudades. Leemos en Mateo 9:35-37 lo siguiente:

> "Recorría Jesús todas las ciudades y aldeas, enseñando en las sinagogas de ellos, predicando el Evangelio del Reino y sanando toda enfermedad y toda dolencia en el pueblo. Al ver las multitudes tuvo compasión de ellas, porque estaban desamparadas y dispersas como ovejas que no tienen pastor. Entonces dijo a sus discípulos: "A la verdad la mies es mucha, pero los obreros pocos. Rogad, pues, al Señor de la mies, que envíe obreros a su mies."

Jesús constantemente les dijo a Sus discípulos que Él debía trabajar en otras aldeas y en otros lugares. Después de darse a Sí Mismo sin reservas, encontró compasión por las multitudes que estaban como ovejas sin pastor. La respuesta es clara. Nuestras iglesias necesitan calidad y cantidad. El libro de los Hechos nos enseña la necesidad de ambas.

"¿Este concepto de 'iglesia celular' es simplemente una herramienta para el crecimiento de la iglesia?", preguntó hace poco un visitante a mi iglesia. Al principio yo no tenía una respuesta, pero entonces comprendí que él se estaba preguntando si estábamos usando las células estrictamente como una herramienta para un crecimiento cuantitativo. Le aseguré que el ministerio de la iglesia celular nos ayudaba a crecer continuamente en números mientras manteníamos la calidad. Antes de implementar totalmente el sistema celular, reuníamos un edificio lleno de asistentes al culto del domingo pero teníamos poco para ofrecerles durante la semana. Eso cambió cuando introdujimos el sistema de la iglesia celular.

Las iglesias se dan cuenta cada vez más que no tienen que sacrificar la calidad por la cantidad. Las iglesias celulares saludables son iglesias que crecen. Es parte de su constitución genética. Sin embargo, la cercanía integrada de las células aporta una vida y ministerio neo-testamentarios en estas iglesias. Las células son grupos pequeños, raramente más de 12 personas, y todos nos sentimos importantes en esa atmósfera. El cuidado personal y el ministerio florecen en ese escenario.

Yo fui criado en una iglesia muy conocida por sus excelentes ministerios a la juventud y a los niños. La iglesia atrajo a muchos adultos (padres) y creció numéricamente debido a estos programas para los niños. Sin embargo, debido a la falta de oportunidades para el ministerio a los adultos, la mayoría de los adultos sólo asistían al culto de los domingos a la mañana. El pastor de la juventud comentó en cierta oportunidad que el crecimiento numérico del domingo a la mañana era superficial porque los adultos no podían experimentar el significado total de la "iglesia" sin tener algún encuentro con los demás durante la semana.

Yo he luchado con estas preguntas: Si alguien asiste sólo al culto de adoración del domingo a la mañana, ¿ha experimentado esa persona la iglesia de Jesucristo? ¿Es posible que alguien sólo se siente pasivamente, salude a unas pocas personas, cante algunas canciones, y considere que esto significa participar en la iglesia? ¿Acaso la verdadera iglesia de Jesús no es un organismo viviente? ¿Acaso no exige la interacción y la participación? Si alguien no experimenta la comunión y la comunidad en la iglesia, ¿ha experimentado esa persona el meollo de la vida cristiana?

Los que asisten a una iglesia evangélica normalmente reciben un mensaje bíblico sano y relevante. Esto es bueno y correcto, y a cada persona se le da la oportunidad de salir con una visión nueva y aplicable. Sin embargo, si un miembro de la iglesia recibe enseñanza teológica correcta sin la misma vida de Dios operando desde su interior, el resultado será un serio desequilibrio.

La mayoría de los pastores determina quién está "en su iglesia" por la asistencia al culto del domingo. Para la mayoría, ésta es la norma aceptada para determinar si una iglesia está creciendo numéricamente. Dios quiere que Su iglesia crezca. Yo también deseo ver tantas nuevas caras como sea posible el domingo por la mañana (¡principalmente caras nuevas de personas que no asisten a ninguna iglesia!). Al igual que yo, la mayoría de los pastores trabajamos diligentemente para llenar nuestros cultos de adoración del domingo como una señal que nuestras iglesias están creciendo, y que estamos haciendo la voluntad de Dios.

Sin embargo, si una iglesia está satisfecha con la asistencia al culto de adoración del domingo por la mañana como una señal importante de éxito, ¿está cumpliendo esa iglesia con la vocación de Jesucristo? Una iglesia que es un modelo de "éxito del crecimiento de la iglesia" ¿podrá ser reprendida por el Señor con las palabras: "Yo conozco tus obras, que tienes nombre de que vives y estás muerto" (Apoc. 3:1). ¿Podría ser que muchos no saben proporcionar una comunidad cristiana a sus miembros? Quizá hay una falta de conocimiento en cuanto a cómo llevar a la congregación a un sentir más profundo de la comunión cristiana. C. Kirk Hadaway trata esta área sensible, diciendo:

> Sin embargo, mientras las iglesias han crecido más y más grandes como resultado de un avance cristiano rápido en los tiempos recientes, las iglesias, como la sociedad misma, se han vuelto cada vez más impersonales. Han llegado a reflejar, naturalmente, el modelo burocrático que ha influido cada vez más en todas las formas orgánicas de la sociedad, tanto religiosa como secular. No es suficiente oírlo desde el púlpito, leerlo en la Biblia, o verlo en los individuos. Tiene que ser experimentado en la comunidad.[3]

Las células no son solamente una técnica para el crecimiento de la iglesia; son el medio clave para que la iglesia de Jesucristo experimente la verdadera iglesia de una manera viva y dinámica. El modelo celular depende tanto del éxito de la célula como de la celebración. Una sin la otra no es suficiente. Recuerde que estamos hablando de la iglesia celular, no la iglesia CELULAR ni de la IGLESIA celular. Estamos promoviendo la IGLESIA CELULAR. La celebración y la célula hacen que el motor funcione bien.

Dios ha escogido a su iglesia para recoger la cosecha

La iglesia es el medio por el cual Dios discipula un mundo perdido. A menos que un convertido llegue a ser un miembro responsable de una iglesia local, la evangelización no está completa. No es suficiente

Crecimiento numérico en el libro de los hechos	Crecimiento espiritual en el libro de los hechos
1:15 – 120 estaban reunidos 2:41 – 3000 fueron añadidos 4:4 – 5000 hombres fueron añadidos 5:14 – Una gran cantidad fue añadida 6:1 – El número de discípulos crecía 6:7 – El número de discípulos se multiplicaba 8:5-24 – Avivamiento en Samaria 9:32-42 – Se convirtieron los que vivían en Lida y en Sarón 11:21-26 – Un gran número de personas se volvió al Señor en Antioquía 13:43-44 – Muchos siguieron a Pablo 14:20-21 – Una gran cantidad de discípulos 16:5 – Galacia – las iglesias aumentaban en número cada día 17:4 – Gran número 17:12 – Muchos creyeron	1:14 – Perseveraban unánimes 2:1-4 – Fueron llenos del Espíritu Santo 2:42 – Perseveraban en la doctrina de los apóstoles 2:46 – Seguían reuniéndose en el Templo 4:24 – Alzaron unánimes la voz a Dios 4:32 – Todos los creyentes eran e un corazón y un alma 12:24 – La palabra del Señor crecía y se multiplicaba 13:49 – La palabra del Señor se difundía por toda aquella provincia 13:52 – Los discípulos staban llenos de gozo y del Espíritu Santo 16:5 – Las iglesias eran animadas en la fe 17:11 – Escudriñaban cada día las Escrituras 19:20 – La palabra del Señor crecía y prevalecía poderosamente

sembrar la semilla. Lo que agrada más a Dios es recoger la mies. ¿Cómo sabemos cuándo hay una cosecha? Cuando la "siembra de la semilla" y las decisiones para seguir a Jesús como Señor y Salvador resultan en un aumento de la membresía en la iglesia. Los defensores del igle-crecimiento enseñan que la proclamación del Evangelio no es suficiente, que no debemos estar satisfechos hasta que las personas que reciben a Cristo se reúnan con Su iglesia. El crecimiento de la iglesia, puesto llana y simplemente, es ganar a los perdidos y reunirlos en la iglesia local con el propósito del discipulado. Pedro Wagner escribe:

¿Cómo, entonces, debemos reconocer a un discípulo? Obviamente, es una persona que se ha vuelto de un estilo de vida pecaminoso y ha reconocido a Jesús como Señor y Salvador. Pero simplemente una afirmación verbal de la fe no es suficiente. ... Hay mucho fruto que es producido en la vida de un verdadero cristiano por medio del Espíritu Santo. Sin embargo, el fruto que el Movimiento para el Crecimiento de la Iglesia ha elegido como un criterio válido para el discipulado es una membresía responsable en la iglesia.[4]

La iglesia celular cree que la membresía eclesiástica responsable requiere la participación tanto en la celebración del domingo como en la célula durante la semana. Aunque algunas iglesias celulares que estudié tienen varios centenares de miles de miembros, a pesar de esto los miembros no se sienten perdidos. Estas iglesias gigantescas se componen de miles de grupos pequeños de cinco a 15 personas que se reúnen semanalmente para la adoración, el ministerio, la evangelización y la comunión.

Recoja la cosecha en grupos homogéneos

Cuando Donald McGavran hizo su famosa declaración: "A los hombres les gusta volverse cristianos sin cruzar ninguna barrera racial, lingüística, o de clase," recibió un diluvio de críticas.[5] McGavran enseñó que la evangelización es más eficaz entre las personas de una misma raza, idioma y clase. Este es el principio de la "unidad homogénea" dentro del pensamiento del igle-crecimiento. Thomas Rainer escribe lo siguiente:

> Cuando Donald McGavran empezó a defender ese principio como un principio para el crecimiento de la iglesia, hubo un alud de críticas y debates. Surgieron clamores de 'racismo', 'estrechez mental', 'exclusivismo' y 'manipulación psicológica' como una reacción a los principios tan debatidos.[6]

Una unidad homogénea es una agrupación sociológica suficientemente grande de individuos que perciben que tienen una afinidad común entre sí. Uno sólo tiene que mirar el paisaje cultural para ver la inmensa agrupación de las culturas similares en nuestro mundo hoy día. Las personas de culturas similares se atraen naturalmente, así que, ¿por qué hay tanto conflicto en esta área? En parte sucede porque muchos creen que los que abogan por el igle-crecimiento están promoviendo un tipo sutil de racismo o que están aguando el Evangelio. Sin embargo, el mismo corazón de este principio es resumido por Rainer:

> En primer lugar, la evangelización ocurre más rápidamente cuando las personas de una cultura comparten su fe en Jesucristo con otros dentro de su propia cultura. En segundo lugar, los cristianos no deben insistir que una persona abandone su cultura para llegar a ser un cristiano. Esta es la esencia del principio de la unidad homogénea.[7]

Por lo tanto, la unidad homogénea puede ser una herramienta útil en la evangelización pero nunca puede ser la meta de la vida cristiana. Los grupos celulares se aprovechan plenamente de este principio. Las células evangelizan mejor cuando funcionan como unidades homogéneas. Las células individuales forjan lazos naturales construidos sobre la amistad, el género, clase, ocupación, barrio, o agrupación según la edad.

Mi esposa, Celyce, ha demostrado que este principio es verdadero. Ella tiene una preocupación especial por las madres jóvenes. Como una madre de tres niñas pequeñas, ella entiende las alegrías y las dificultades de la maternidad. Las células en nuestra iglesia no estaban atrayendo a este grupo de mujeres. Dios movió a mi esposa para empezar un grupo celular en el hogar para este grupo homogéneo. Lograr que las mujeres compartan no es un problema en esta célula. Si hay alguna dificultad, es asegurarse que todas tengan una oportunidad para compartir. Estas madres jóvenes se sienten cómodas con las que enfrentan preocupaciones y luchas similares.

A los ocho meses, esa única célula de Celyce multiplicó a cinco grupos. Celyce supo desde el principio que necesitaría abrir nuevos grupos para mantener la atmósfera pequeña e íntima mientras alcanzaba a otras madres para Cristo. Una de las razones principales para el éxito de este grupo es el intenso interés entre las madres jóvenes de invitar a sus amigas y miembros de la familia que están en la misma fase de su vida. Los similares se atraen.

El Centro de Oración Mundial Betania alcanza a comunidades enteras para Jesucristo a través de sus grupos celulares homogéneos.

Esta iglesia ha descubierto que las personas están más dispuestas a invitar a sus amistades que no son cristianas a un grupo homogéneo que a un grupo mixto, y que esas mismas amistades están más dispuestas a asistir a dicho grupo. Betania agregó 300 grupos celulares homogéneos en tan sólo 18 meses. Los grupos celulares de esta clase naturalmente crecen más rápidamente y pronto están listos para dar nacimiento a otras células hijas.

No obstante, las iglesias celulares no son de ningún modo iglesias exclusivas. Ellas dan la bienvenida a toda la rica creación de Dios. Las células homogéneas que se reúnen durante la semana se juntan para una celebración semanal los domingos. En estos momentos festivos, todos, de cada tribu, lengua y pueblo celebran juntos. La celebración en una iglesia celular hace eco de las palabras del apóstol Juan: "Y cantaban un cántico nuevo, diciendo: 'Digno eres de tomar el libro y de abrir sus sellos, porque tú fuiste inmolado, y con tu sangre nos has redimido para Dios de todo linaje, lengua, pueblo y nación; nos has hecho para nuestro Dios un reino y sacerdotes, y reinaremos sobre la tierra'" (Apoc. 5:9,10).

Estudie las iglesias que crecen

El estudio del cuerpo humano era estrictamente prohibido en la Edad Media. "Después de todo," la iglesia razonaba, "nuestros cuerpos son el templo de Dios y deben tenerse en gran misterio." La falta de investigación científica del cuerpo humano permitió que enfermedades y otras dolencias abundaran. Pero eso cambió durante el Iluminismo, cuando los doctores dejaron de lado sus inhibiciones religiosas y estudiaron científicamente el cuerpo humano. Los resultados, por supuesto, eran adelantos increíbles en la medicina y el descubrimiento de nuevos tratamientos.

En forma semejante, algunas personas reaccionan negativamente a investigar a la iglesia de Cristo. "La iglesia es un gran misterio," dicen, "y debe quedar así." Por el otro lado, McGavran propuso que Dios quería que Sus hijos examinaran por qué razones crecía y por qué no crecía. Después de determinar esos factores (basado en una investigación fundada científicamente) y mirando con cuidado cada contexto individual, se podrían transferir algunos principios para ayudar a la iglesia de Dios en todo el mundo. Gran parte del crecimiento de la iglesia seguirá siendo un misterio, pero podemos beneficiarnos de esos principios que son comunes a las iglesias que están creciendo.

Yo he logrado estudiar las iglesias celulares de crecimiento más rápido en el mundo para descifrar los secretos de su crecimiento. Estas iglesias demuestran que crecer rápidamente en número mientras se mantiene un vínculo estrecho entre los miembros es posible, y que tanto la calidad como la cantidad son esenciales. Dios desea ambas cosas. También, la clave para un ministerio celular exitoso no es exclusivo de una cultura solamente. Los principios funcionan en una gran variedad de culturas. Christian Schwarz, después de estudiar 1,000 iglesias en 32 países, concluye: "Nuestra investigación en las iglesias que crecen y decrecen en todo el mundo ha mostrado que la multiplicación continua de los grupos pequeños es un principio universal para el crecimiento de la iglesia."[8] Estos principios también son aplicables en su iglesia.

Capítulo Dos

Aprenda de las iglesias que recogen la cosecha

Durante 14 años yo tenia un sueño secreto de visitar la Iglesia del Pleno Evangelio Yoido, la iglesia más grande en la historia cristiana. Cuando escuché al Pastor David Cho cuando habló en el Seminario Teológico Fuller en 1984, me quedé pasmado de su sencilla pero igualmente poderosa presentación del ministerio de los grupos celulares. Compré todos los cassettes de Cho y los escuché una y otra vez, esperando que algo me iluminaría al respecto. Como pastor joven y sin experiencia de una planta eclesiástica pionera, buscaba dirección desesperadamente. Junto con las cintas, devoré el libro de Cho "Successful Home Cell Groups" (Los Grupos Celulares Exitosos en los Hogares) y enseñé los principios celulares a mis líderes. Pero eso no cumplió el sueño. Todavía quise visitar la Iglesia del Pleno Evangelio Yoido. Dios vio mi anhelo personal y cumplió mi deseo en 1997.

Iglesia del Pleno Evangelio Yoido

Cuando paseaba a lo largo del Río Han y miraba la estructura sobresaliente de la Iglesia del Pleno Evangelio Yoido, alabé a Dios por la visión que Él puso en este hombre. La IPEY surgió de los sueños y de la visión que Dios le dio a David Yonggi Cho. Él vive en un mundo de visiones y sueños, y personalmente me ha alzado a una mayor comprensión de visión y liderazgo. Su visión fervorosa ha sido trasmitida a millares de líderes. Cho escribe:

> Todo empieza desde las visiones y los sueños. Antes que usted comience a preocuparse por dar a luz un niño, primero deberá estar embarazada. Así que como líder de una célula, usted debe estar 'embarazado' en cuanto a su sistema celular y sobre ganar almas. ... De manera que una meta clara y visiones y sueños

con metas definidas son muy, muy importantes. Cuando las personas no tienen visiones, no creen. No trabajan.[1]

Dios ha bendecido la visión y los sueños de Cho. Más de 150,000 personas asisten a la iglesia madre todos los domingos, con 100,000 más en las diez iglesias satélites alrededor de Seúl. Los 25,000 grupos celulares pastorean a todos los miembros. Sin el sistema celular, esta iglesia no podría crecer tan rápida y continuamente. Aparte del sistema celular, no hay ninguna manera que una iglesia podría cuidar una cantidad tan numerosa de creyentes.

La IPEY comenzó el movimiento de la iglesia celular moderna.[2] Dios llevó a Cho a un lugar de rendirse a sus propias iniciativas y planes a favor de las de Dios. En su hora de prueba, Cho volvió a leer el Nuevo Testamento con los ojos de las primitivas iglesias en las casas. Él vio que los creyentes del primer siglo que se reunían en las casas realmente practicaban el sacerdocio de todos los creyentes. Cho entregó su ministerio a los creyentes no ordenados, y el mundo ha quedado maravillado desde entonces.

Cho depende espiritualmente del sistema celular para alimentar a todos los miembros. El folleto de la conferencia anual de igle-crecimiento de 1997 de IPEY dice: "Las células en las casas han sido la columna vertebral de la Iglesia del Pleno Evangelio Yoido. Cualquier iglesia que desea llevar a cabo este concepto tiene que ser reorganizada completamente en una iglesia basada en células." [3]

Aproximadamente 24 distritos organizados geográficamente sirven como los centros nerviosos para la iglesia. Cada distrito tiene personal a sueldo que está disponible para aconsejar, animar o simplemente para mantener la amistad de los que están en su distrito. Cuando los visité un domingo, estas oficinas eran una colmena de actividad mientras los pastores ministraban a su pueblo.[4]

Cada distrito tiene de 12 a 23 distritos subalternos, y cada distrito subalterno tiene de 10 a 15 sectores. Cada sector tiene de 5 a 15 grupos celulares en los hogares. Cada célula tiene de 5 a 10 casas, aproximadamente.

Cuando pensamos en la evangelización agresiva y el crecimiento de la iglesia en Corea, normalmente pensamos en la iglesia del Pastor Cho. Sin embargo, otras nueve iglesias en Corea tienen más de 30,000 miembros. Sin excepción, ellos han experimentado un crecimiento rápido estructurando su iglesia alrededor del ministerio de los grupos celulares.

La Iglesia de la Vid

La Iglesia la Vid comenzó en 1999 con sesenta creyentes reunidos en la ciudad brasileña de Goiania, situada en el centro oeste de Brasil. Aluisio da Silva y Marcelo Almeida son los co-fundadores de este creciente movimiento mundial.

Aluizio supervisa el trabajo en Brasil y Marcelo supervisa el trabajo de la Iglesia la Vid en el extranjero (Europa, África y América del Norte/Sur). La iglesia ha crecido hasta convertirse en una red de 800 iglesias con 45.000 creyentes adultos en la iglesia central en Goiania. La iglesia central tiene unas 5.000 células, que son una combinación de células de adultos, células juveniles, y células infantiles. Un apasionante aspecto, único de esta iglesia es su énfasis y compromiso con el ministerio celular de niños.

En 1999, Marcia Silva, la esposa de Aluizio, oró y ayunó por el propósito de Dios y el diseño de su propio ministerio en la iglesia. Sintió como Dios la llamaba para ministrarles a los niños y que Dios quería que lo hiciera a través de los grupos celulares.

Al mirar a su alrededor, se dio cuenta de que había muy pocos modelos celulares para niños que seguir. Ella recibió una profecía ese mismo año, diciéndole que siguiera la dirección de Dios, y que Él le daría una nueva dirección, un nuevo camino a seguir. Ella abrió su primer grupo sólo para niños y vio cómo Dios prosperaba el ministerio. Para el año 2000 había cuarenta y dos grupos sólo para niños y 190 niños en las células. La iglesia ya había comenzado la transición al modelo celular, por lo que las células se convirtieron en una parte importante desde el principio.

Dios le dio una creciente convicción de que los niños eran miembros del cuerpo de Cristo y, a menudo no se les daba la debida importancia, y Dios confirmó su dirección ayudándola a multiplicar el número de células sólo para niños a las actuales 10.000 con 100.000 niños que asisten a estos grupos celulares en todo el mundo. Sólo en la iglesia central, hay unos 2.000 grupos sólo para niños con 20.000 personas que asisten a ellos.

Iglesia de la Viña comenzó en 1999 con una reunión de sesenta creyentes en la ciudad brasileña de Goiania. Desde entonces, la iglesia se ha convertido en una red de 800 iglesias. La iglesia madre sola tiene unos 50,000 creyentes adultos y 5,000 grupos celulares. Aluizio da Silvia es el pastor principal de la iglesia madre, que cofundó con Marcelo Almeida, quien ahora supervisa las iglesias Vine en Europa, África y América del Norte / del Sur.

En 1999, la esposa de Aluizio, Marcia, oró y ayunó por el propósito y diseño de Dios para su propio ministerio en la iglesia. Sintió que Dios la estaba llamando a ministrar a los niños y que Dios quería que lo hiciera a través de los grupos celulares. Ella recibió una profecía ese mismo año, diciéndole que siguiera la dirección de Dios y que él le daría una nueva dirección, un nuevo camino a seguir. Abrió el primer grupo celular de sus hijos y vio a Dios prosperar en el ministerio. Dios le dio una convicción cada vez mayor de que los niños eran miembros del cuerpo de Cristo y que a menudo eran descuidados, y Dios confirmó su dirección al ayudar al movimiento mundial de la vid a multiplicarse a 10,000 grupos celulares infantiles con 100.000 niños que asisten a estos grupos celulares en todo el mundo. Solo en la iglesia madre, hay unos 2000 grupos celulares de niños con 20,000 personas que los atienden.

Iglesia Elim

Iglesia Elim se encuentra en la ciudad de San Salvador. De los casi siete millones de salvadoreños en el país, el ochenta y tres por ciento son católicos; sin embargo, se estima que un millón son evangélicos protestantes, y este número está creciendo con la ayuda de una sencilla, pero eficiente iglesia llamada Iglesia Elim.

Elim no es una historia de éxito de cuento de hadas. Ha experimentado golpes duros y problemas. La iglesia sobrevivió a una guerra civil que mató a 75.000, y a un terremoto que devastó el país, matando a 100 miembros de Elim. Tal vez la mayor tragedia fue la remoción del pastor fundador debido a una falla moral. Sin embargo, a pesar de estas dificultades, Iglesia Elim ha multiplicado grupos celulares en todo El Salvador y en todo el mundo.[5]

El crecimiento de Elim se le puede atribuir a su pasión por Jesús, su persistencia en los fundamentos de la iglesia de grupo celular, y su penetración evangelística que multiplica células por toda la ciudad. El objetivo principal de Elim es penetrar en la ciudad a través de la multiplicación de los grupos celulares. En 2013, unas 118.000 personas asistían a los 11,000 grupos celulares de la iglesia. Esos mismos grupos celulares alquilaban autobuses urbanos para viajar juntos a los cultos semanales para escuchar la Palabra de Dios.

Elim define a la célula como un grupo de entre tres y quince adultos que se reúnen semanalmente fuera del edificio de la iglesia con el propósito de la evangelización, la comunidad y el crecimiento espiritual con el objetivo de multiplicarse. La mayoría de las células de Elim están orientadas a la familia (una mezcla de hombres, mujeres, solteros, entre otros.), pero también tienen células de mujeres, de jóvenes, y de niños. Las células se organizan geográficamente, de modo que cada grupo se multiplique dentro de su propia zona geográfica.

Las células de Elim comenzaron en 1986, pero fue un largo proceso de fracaso, reagrupamiento, y perfeccionamiento de su sistema celular. Siguieron adelante para mejorar su ministerio celular hasta que funcionó. Dios ha usado a Elim para construir una iglesia sin muros que penetra en todos los rincones de la comunidad y levanta a trabajadores para la cosecha y así continuar el proceso.

Conclusión

Muchas otras iglesias celulares ejemplares podrían ser incluidas en este capítulo. Por ejemplo, la Iglesia Bautista de Dion Robert en la Costa de Marfil ha crecido a 120,000 miembros con 8,000 grupos celulares desde que se organizó como una iglesia celular en 1983 (con unos 683 miembros). Aunque las células forman la base para su organización, el Pastor Robert ha desarrollado un sistema que trabaja específicamente para la situación particular en Africa Occidental.

La iglesia a la que usted pertenece es única. No es la Iglesia Bautista Comunidad de Fe ni la Iglesia Elim. Dios tiene algo especial para su iglesia en su contexto. Usted puede, sin embargo, cosechar los principios de estas iglesias celulares ejemplares. Usted puede aprender qué sistemas se necesitan para contener el crecimiento que Dios quiere darle. Al entender sus sistemas, usted podrá aumentar su capacidad para desarrollar la clase de iglesia que Dios quiere construir en su ciudad. Estos principios del sistema le ayudarán a construir un fundamento firme para retener una cosecha mayor.

Capítulo Tres

Edifique un fuerte sistema celular

Los sistemas celulares exitosos localizados en el mundo son divergentes, sin embargo comparten principios comunes. Cada una de estas iglesias ha adoptado principios claves fundamentales para desarrollar un sistema celular fuerte. Luego los adaptaron a sus circunstancias particulares. Estos sistemas celulares fuertes y saludables producen a su vez iglesias celulares poderosas. ¿Cuáles son estos principios comunes?

1. Dependencia en Jesucristo a través de la oración

Jesucristo, la cabeza de la iglesia, es el único que puede conceder el éxito. Estas iglesias dependen de Jesús para contestar sus oraciones. La oración simplemente no es algo de lo cual se habla sino que es practicada consistentemente por estos cristianos. Cada iglesia celebra reuniones de oración que duran toda la noche periódicamente. Las dos iglesias más grandes las realizan semanalmente. Una iglesia celular se reúne para ayunar y orar en las fiestas nacionales. Estas iglesias practican una total dependencia en Dios. Por ejemplo, varias personas en la Misión Carismática Internacional dijeron lo siguiente: "Copiar nuestro sistema sin el poder del Espíritu de Dios a través de la oración es como comprar un automóvil sin un motor." Los norteamericanos tienden a enamorarse del modelo, del sistema. Pero el sistema sin el poder del que lo hace funcionar producirá muy poco fruto.

2. La multiplicación es el resultado de hacer discípulos que hacen otros discípulos

Aunque diferentes en su método de multiplicación, todas estas iglesias están principalmente interesados en hacer discípulos que hacen otros discípulos que resulta en la multiplicación. Esto es el claro y declarado enfoque del ministerio celular en cada iglesia. La visión de la célula está enfocada hacia afuera.

Evangelizar a los incrédulos y penetrar el barrio con el Evangelio de Jesucristo son el llamado de reunión de cada grupo celular. Los grupos celulares deben ser sal y luz en un mundo desesperado y en tinieblas. Hay un peligro por supuesto, que las células se vuelvan clubes cómodos para los iniciados, pero esto debe evitarse a toda costa. Dios llama a los grupos celulares que evangelicen, crezcan y se multipliquen. Después que Christian Schwarz analizó los 4,2 millones de respuestas a su estudio de igle-crecimiento mundial, él escribe lo siguiente: "Les preguntamos a todos los participantes de la investigación... acerca de los planes concretos [para la multiplicación] para su propio grupo. Virtualmente ningún otro aspecto de la vida de la iglesia tiene una influencia tan grande, tanto sobre el índice de calidad como en el crecimiento de una iglesia."[1]

3. Diseñado para un control de calidad reproducible

Las células se reproducen más fácilmente cuando el "control de calidad" se mantiene a través del sistema celular. El control de calidad significa que todos los grupos celulares mantienen sus componentes o características similares. Todos los grupos celulares, por ejemplo, se reúnen regularmente con el propósito de la edificación espiritual y la evangelización (con la meta de multiplicar) y se compromete a participar en las funciones de la iglesia local. Esta es la definición del funcionamiento de todos los grupos pequeños estudiados. No es suficiente ser "pequeño" y un "grupo" para ser llamado un grupo celular. No, todas los grupos celulares en estas iglesias tienen componentes similares: crecimiento espiritual, esfuerzos evangelísticos (con la meta de multiplicar), y un vínculo estrecho con la iglesia local.

Billy Hornsby, director nacional de la Red de la Iglesia Celular Betania, cuenta la historia de un restaurante cercano que cocinaba comida excelente pero de todos modos se fundió. Los cocineros eran expertos en lo que estaban haciendo, pero tener esa especialización no era suficiente. ¿Por qué? Porque justo enfrente McDonald's estaba entrenando a los liceales en seis semanas a preparar hamburguesas mejor que los del gran restaurante. McDonald's escogió perfeccionar algunos productos y entonces los distribuye ampliamente para mantener el control de la calidad.[2] Igualmente, el Centro de Oración Mundial

Betania ha desarrollado un ministerio celular reproducible multiplicando el mismo tipo de grupo celular. Cada célula, en otras palabras, mantiene los mismos componentes: Conocer a Dios, conocerse los unos a los otros, y alcanzar al mundo para Cristo. Las células multiplican vez tras vez porque la misma constitución genética o "control de calidad" se transfiere de una célula a la otra.

4. El ministerio celular es la columna vertebral de la iglesia

La frase repetida una y otra vez en estas iglesias es que el ministerio celular es la "columna vertebral" de la iglesia. La visión pasada desde los pastores principales a los líderes y luego a los miembros, es que una persona debe pertenecer a un grupo celular para recibir cualquier tipo de cuidado pastoral.

No están agregando simplemente el ministerio celular como un programa más. Más bien, las células son la vida misma de la iglesia. Estas iglesias organizan el personal pastoral, programas específicos, la membresía, los bautismos, las ofrendas y los cultos de celebración en torno al ministerio celular. Se espera que todos en la iglesia estén en una célula. Una iglesia reveló estadísticas que muestran que 90 por ciento de los 7,500 adoradores del fin de semana también participa en un grupo celular semanal.[3]

5. La importancia de la célula y la celebración

Algunas personas presumen que la célula es más importante que el culto de la celebración. Sin embargo las iglesias celulares exitosas cuentan una historia diferente. La celebración y la asistencia a la célula son dos lados de la misma moneda: Una no es suficiente sin la otra, y las dos son esenciales para el éxito en la iglesia celular. El significado de la frase "iglesia celular" implica que la célula y la celebración funcionan como partes iguales del sistema celular. Los miembros asisten a la célula y a la celebración en oposición a la asistencia a solamente una de ellas.

Estas iglesias vinculan cuidadosamente el ministerio celular al culto de la celebración. En otras palabras, se toma la precaución para garantizar que las células individuales compartan la misma visión y filosofía como la iglesia madre. Por lo menos en cada iglesia, 65 por ciento de los que asisten al culto de celebración también asisten a un grupo celular.

Este punto necesita ser cuidadosamente enfatizado debido al crecimiento del Movimiento de las Iglesias en Casas alrededor del mundo. En este movimiento, cada iglesia en el hogar es independiente o sólo flojamente conectada a otras iglesias en los hogares. Pero escuche cómo David Cho, el padre del movimiento de la iglesia celular moderna, vincula estrechamente la célula con la celebración: "La iglesia local es la fuerza del cristianismo. Los grupos celulares en los hogares contribuyen a esa fuerza. Cualquier cosa que diluya la fuerza de la iglesia local debe ser evitada."[4]

6. El liderazgo fuerte y visionario del pastor principal

Las iglesias celulares exitosas son dirigidas por pastores principales fuertes, porque el sistema celular fluye de la autoridad del pastor principal. Mientras visitaba estas iglesias descubrí un gran respeto y deseos de seguir entre los miembros. Todos estos pastores principales mantienen una autoridad incontestada.

Sin excepción estos pastores son hombres de visión y sueños. Sus metas finales para el crecimiento de la iglesia abarcan centenares de miles de personas. Ellos están para conquistar una ciudad para Cristo, no sólo para el crecimiento de una iglesia. Dos de los pastores hablan abiertamente sobre la importancia de soñar en grande y usan a Cho como su ejemplo. Debido a la visión pastoral, los miembros a su vez sienten que ellos son parte de una obra mayor que ellos mismos y que Dios Mismo ha hablado a su pastor.

El liderazgo activo del pastor principal en el liderazgo del ministerio celular es una marca clara y distintiva en la iglesia celular. Cho declara: "El pastor debe ser la persona clave involucrada. Sin el pastor, el sistema no se mantendrá unido. Es un sistema, y un sistema debe tener un punto de control. El factor que mantiene el control en los grupos celulares en los hogares es el pastor."[5]

En mi investigación y experiencia en las iglesias celulares, he descubierto que el papel del pastor principal es crucial para el éxito del ministerio celular a largo plazo. El liderazgo del ministerio celular no puede delegarse a otra persona.

7. Requisitos del liderazgo establecido

Todas las iglesias celulares tienen el liderazgo celular y los requisitos para el entrenamiento claramente definidos. Aunque estos varían de una iglesia a otra, los requisitos fundamentales incluyen la salvación, el bautismo en agua, asistencia a la célula y finalización del entrenamiento celular.

8. Entrenamiento requerido para el liderazgo

Aun cuando un líder celular potencial reúna los requisitos de liderazgo básicos, necesita completar un proceso de entrenamiento para el liderazgo. El tiempo y las demandas del curso varían ampliamente entre las iglesias.

Todas estas iglesias están obligadas a encontrar, entrenar y liberar nuevos líderes tan rápida y eficazmente como sea posible. Por ejemplo, la meta declarada de la Misión Carismática Internacional es transformar a cada nuevo convertido en un líder de célula dinámico. El entrenamiento de los nuevos líderes aquí incluye un retiro espiritual de dos días, dos cursos de entrenamiento fundamentales para líderes, y otro retiro espiritual.

Las iglesias celulares más exitosas alrededor del mundo proporcionan:

1. Pre-entrenamiento para los líderes celulares potenciales antes de que ellos empiecen a dirigir los grupos.
2. Un sistema para aprendices dentro del grupo celular a través del cual los líderes potenciales son entrenados desde el momento que entran en el grupo.
3. Un sistema Jetro en el que cada líder es pastoreado.[6]
4. Entrenamiento continuo (semanal, bimestral o mensualmente).

9. El liderazgo desarrollado dentro de la iglesia

Estas iglesias no miran a ninguna otra parte más que a sus propios miembros para llenar los puestos del liderazgo principal.10 Ellos no buscan en los seminarios ni en las universidades bíblicas para hallar sus líderes. Sin excepción, todo el liderazgo atraviesa los canales normales de la experiencia ministerial, el éxito ministerial, y el entrenamiento para el liderazgo dentro de la iglesia antes de recibir mayores niveles de responsabilidad.

10. Una estructura para el cuidado: "El Modelo Jetro"

Estas iglesias no habrían crecido tanto si no hubiera sido por el cuidado estrecho de cada líder. Todas estas iglesias confían en un plan de liderazgo pastoral para cuidar a todos los que están involucrados en el liderazgo celular. Cada líder es supervisado, pastoreado, y es responsable ante otras personas. La carga en la cabeza del pastor en las iglesias tradicionales es aliviada en la iglesia celular a través de una estructura jerárquica de liderazgo que cuida los grupos de miles, cientos, cincuentas y decenas. La filosofía detrás de este modelo es el consejo de Jetro a Moisés en Éxodo 18 sobre la manera cómo delegar las responsabilidades del liderazgo. Algunas iglesias celulares establecen los líderes sobre distritos geográficos, zonas y áreas de la ciudad. Otros supervisan a sus líderes a través de los departamentos homogéneos. El papel fundamental del liderazgo, sin embargo, siempre es dado al líder de la célula.

11. La promoción del liderazgo basado en el exitos

Escalar posiciones de liderazgo más elevados en el ministerio es principalmente el resultado del éxito previo en la multiplicación de la célula. Aunque la vocación y las cualidades personales son tenidas en cuenta, la prueba final es el éxito anterior como líder de la célula. Inclusive el entrenamiento en un seminario o escuela bíblica no es un factor importante para ascender a los niveles superiores de liderazgo.

12. Los grupos celulares se reúnen en los hogares

Todas estas iglesias usan la casa como el lugar principal de reunión para los grupos celulares. Por otro lado, el entrenamiento tiene lugar en el templo. El edificio de la iglesia se utiliza lo más que se puede para preparar a los líderes para ministrar en los hogares.[7]

13. El seguimiento de las células con los visitantes y los nuevos convertidos

En todas estas iglesias, las células discipulan a los visitantes y a los nuevos convertidos. Las tarjetas nuevas de los visitantes son recogidas en el culto de celebración de toda la iglesia. Estas tarjetas se distribuyen a los distintos grupos celulares, que a su vez discipulan a los recién venidos. Estas iglesias proporcionan un sistema orgánico para verificar si cada persona nueva está asistiendo al grupo celular.

En el Centro de Oración Mundial Betania, por ejemplo, un líder de célula se para detrás de la persona que está delante del altar durante una de las invitaciones regulares. Después del ministerio en el altar, el creyente nuevo es llevado arriba a las oficinas del distrito donde recibe una cálida bienvenida. La persona se dirige entonces a una de las siete oficinas de distrito según sea su código postal. El creyente nuevo ve un video de Betania, se le muestra cómo es la vida de la célula, y luego es presentado al pastor de la zona que le corresponde. ¡Dentro de las 24 horas un pastor del personal y el líder de la célula visitan el nuevo creyente en su casa![8]

14. Las lecciones celulares basadas en el sermón del pastor

Para asegurar la continuidad entre las células y el culto de la celebración, las lecciones de la célula en cada iglesia están basadas en la predicación del pastor principal. Aunque cada iglesia usa un estilo diferente o estructura por crear la lección, sin excepción, el mensaje del pastor es la base.

Por ejemplo, en la Iglesia de Agua Viviente en Lima, Perú, un líder talentoso toma apuntes diligentes del mensaje del pastor para hilvanar sus pensamientos en la lección celular semanal. En el Centro Cristiano de Guayaquil, Ecuador, el pastor principal prepara la lección celular semanal personalmente. Aunque cada iglesia usa un método diferente, el mensaje del pastor principal es el punto de partida para el tema de la célula. La lección podría ser un resumen del mensaje del domingo o cuatro preguntas cuidadosamente diseñadas para la aplicación del mensaje del domingo de mañana.[9]

Conclusión

La Iglesia del Pleno Evangelio Yoido, tiene más de 250,000 personas que asisten al culto todas las semanas. Este tipo de crecimiento no pasó en una noche ni ocurrió en forma mágica. Hubo mucha oración y entendimiento para lograr el desarrollo de estas iglesias. Ellos no pusieron a las personas en los grupos pequeños y les dijeron que se reunieran todas las semanas. Las células en estas iglesias funcionan porque tienen los sistemas en su lugar para apoyar a los grupos y a sus líderes. Los componentes del sistema que se encuentran en todas estas iglesias hacen que las células funcionen. El resto de este libro se explaya sobre estos componentes. Para mayor información sobre:

- Hacer Discípulos a través del sistema celular y la multiplicación como el resultado, vea los Capítulos 1, 2 & 5
- La Dependencia en Jesucristo A Través de la Oración, vea Capítulo 4
- Diseñado para un Control de Calidad Reproducible, vea Capítulo 5
- El Ministerio Celular Es la Columna Vertebral de la Iglesia, vea Capítulo 8
- El Liderazgo Fuerte y Visionario del Pastor Principal, vea Capítulo 9
- "El Modelo Jetro": Una Estructura para el Cuidado Pastoral, vea Capítulo 10
- Los Requisitos Establecidos Del Liderazgo, vea Capítulo 11
- Entrenamiento Para el Liderazgo Requerido, vea Capítulo 11
- El Liderazgo Desarrollado Dentro de la Iglesia, vea Capítulo 11
- La Promoción de Líderes Basado en el Éxito, vea Capítulo 11
- Seguimiento de las Células a los Visitantes y Nuevos Convertidos, vea Capítulos 6 & 12
- La Importancia de la Célula y la Celebración, vea Capítulo 13
- Las Lecciones de las Células Basadas en el Sermón del Pastor, vea Capítulo 13

Estos principios deben servir como una lista para verificar cuando desarrolla su sistema celular. Recuerde que las iglesias celulares que están creciendo en el mundo aventajan en estas áreas. Estudie cada principio junto con los capítulos correspondientes, y entonces evalúe su propio sistema celular.

Algunos capítulos proporcionarán una ayuda más inmediata que otros, dependiendo de su situación. Quizás usted es particularmente débil para establecer los grupos pequeños como la "columna vertebral" de su iglesia.

Usted necesitará dominar el mensaje incluido en el Capítulo 8. O quizá su culto de celebración necesita mejorar. Concéntrese en el Capítulo 13. Todos estos principios son esenciales, pero tomará tiempo para perfeccionarlos. Cuando usted afina su sistema de los grupos pequeños basado en estos principios, Jesucristo usará su iglesia de una manera fresca y dinámica.

Sección Dos

Establezca su iglesia para el crecimiento

Capítulo Cuatro

Dependa del Espíritu

Un pastor me invitó a asistir a un seminario celular que esperaba habría de traer nueva vida a su iglesia agonizante. Cuando asistí al seminario con él y visité su iglesia, fui testigo del enorme esfuerzo del pastor por sobrevivir. La iglesia estaba casi en su último aliento. Sólo un manojo de fieles hacía el arduo viaje año tras año. Ellos aguantaron a pesar de los cambios múltiples de pastores, de una tradición profundamente arraigada y un número de miembros cada vez menor. Mi amigo no abandonaría sin luchar; era demasiado orgulloso. Él devoraba cuanto libro nuevo había sobre el crecimiento de la iglesia y probó todas las nuevas estrategias, prácticamente sin éxito alguno. Estaba dando los manotazos del ahogado, y el último era el de los grupos celulares. "¿Podría salvar este seminario una situación tan desesperada?", se preguntaba.

Yo creo en los seminarios celulares y dirijo muchos todos los años. Pero aun cuando Dios lleva a un pastor a implementar el sistema celular en su iglesia, un seminario celular por sí solo no curará los males de un cuerpo agonizante. Sólo Jesús, el Gran Médico - no los grupos pequeños - puede sanar una iglesia estancada. "No debemos olvidarnos nunca que los grupos pequeños no son la respuesta. ... Jesús es la respuesta a nuestros problemas. Necesitamos tener cuidado de no deificar la forma de los grupos pequeños," dice Michael Mack, fundador de La Red de los Grupos Pequeños.[1] Yo amo el ministerio de los grupos pequeños y creo fervientemente que la iglesia los necesita desesperadamente. Pero sólo Jesús puede conceder nueva vida y un crecimiento dinámico.

El poder detrás de la iglesia celular
"Mi gente me sigue porque ven el poder de Dios en mi vida," dijo Luis Salas, un miembro del equipo pastoral de MCI. "Ellos notan cómo Dios contesta mis oraciones, y creen que Él hará lo mismo por ellos." Salas ha comenzado centenares de grupos celulares en los últimos dos años, y le da toda la gloria a la presencia activa de Jesucristo en su vida. Las iglesias

celulares exitosas esperan que Dios se mueva y realice milagros hoy así como lo hizo en la iglesia del primer siglo.

Las iglesias celulares contienen el poder, la corriente del Espíritu Santo. Ellos no producen esa corriente automáticamente. Si su iglesia está estrangulando la vida del Espíritu de Dios, no espere que las células remedien su problema. Primero debe pedir que Dios arregle el problema básico y limpie las cañerías mohosas que impiden Su flujo. Él usa el sistema celular, pero Le desagrada ser usado por él.

La organización de la iglesia celular refuerza la vida del Espíritu y permite que el Espíritu fluya más libremente que en la estructura de una iglesia tradicional. Pero si me obligan a escoger entre la estructura celular o el Espíritu de Dios, yo no dudaría en invitar al Espíritu Santo a mi equipo.

Muchos pastores piensan que una iglesia con las personas reunidas en grupos es una iglesia celular. "Consiga más personas en grupos pequeños y la iglesia crecerá", es su filosofía. Pero esta actitud está errada. Las iglesias celulares no crecen sin el flujo del Espíritu Santo. Las iglesias pueden realizar la transición con éxito a un sistema celular, pero sin el Espíritu de Dios terminan como odres vacíos sin el vino nuevo. Las células no harán que su iglesia crezca. Sólo el Espíritu de Dios que se mueve a través de las personas en comunidad resucitará una iglesia muerta.

Muchos líderes cristianos carecen este "poder de creatividad." Es más fácil seguir la creatividad y el camino que han sido trazados por otros. Requiere menos trabajo. Las circunstancias de cada iglesia son únicas. Sólo Dios sabe los detalles íntimos de su iglesia, y Él solo puede crear el "talle justo." Usted encontrará el "talle justo" cuando dependa del Espíritu Santo y busque Su dirección. No copie la creatividad de otros. Permita que el Espíritu le dé una nueva visión, y luego sígala todos los días.

Dependencia en el Espíritu a través de la oración

Las iglesias celulares que crecen saben orar. Comprenden que la oración mueve la mano de Dios y libera Su poder para trabajar. Entienden que nada sucede que no sea obra Suya. Tome, por ejemplo, el Centro de Oración Mundial Betania. Como su nombre lo sugiere, el Centro de Oración Mundial Betania coloca la oración en el mismo fundamento de su existencia. El ministerio celular comenzó dividiendo los guerreros de oración intercesora en grupos celulares. Algunos guerreros de oración dirigían a otros guerreros de oración en esos primeros días. ¡No es de extrañar que esas primeras 50 células se multiplicaron a 108 células en tan sólo seis meses! La oración (junto con el ayuno) pone a Betania en un lugar especial como la primera iglesia celular en EE.UU. hoy día.

Los miembros de la iglesia más grande en la historia, la Iglesia del Pleno Evangelio Yoido, rápidamente acreditan que la oración privada es la razón de su éxito público. Los miembros luchan en oración. Las imágenes de un soldado y un guerrero retratan mejor a los miembros de la iglesia. ¡Qué emoción caminar junto a las grutas en el Monte de Oración y oír los clamores y las súplicas de los santos coreanos que ascienden como incienso al trono de Dios! Aproximadamente 1,000 guerreros de oración pasan por el Monte de Oración todos los días. Muchos de estos estimados santos se dedican a la oración personal así como a la oración colectiva. Una mañana yo vi aproximadamente 3,000 personas orando fervientemente en la sala de conferencias principal - ¡a las cinco! Los fuertes clamores hacían eco en toda la sala de conferencias mientras los creyentes oraban al unísono. Esta es "una iglesia espiritual."

¿Cómo puede promover la oración en su iglesia? Primero y es lo más importante, el pastor principal debe guiar el camino. Las personas seguirán lo que el pastor principal establece como modelo, no sólo lo que él dice. Si el pastor principal es un hombre de oración, las personas serán una iglesia de oración. Segundo, dé la oportunidad para una amplia variedad de opciones de oración en su iglesia. Si algunos desean reunirse en la iglesia a las 7 de la mañana, recíbalos con alegría. Haga que un guerrero de oración los dirija. Si la tarde es mejor para otros, acomódelos. Recuerde que Cristo promete morar en medio de dos o tres que están reunidos en Su nombre. Tercero, anime a su grupo celular para que ore. Incluya peticiones específicas en el folleto de la lección de la célula.

Dios está llamando a su iglesia al arrepentimiento

Jesús estaba hablando a la iglesia cuando dijo: "He aquí yo estoy a la puerta y llamo; si alguno oye mi voz y abre la puerta, entraré a él y cenaré con él, y él conmigo" (Apoc. 3:20). Jesús anhela estar "adentro" en nuestras iglesias hoy. Lamentablemente, está esperando afuera de muchas.

El arrepentimiento en el Nuevo Testamento incluye un volverse del pecado y un volverse al Señor. Incluye la idea de cambiar de manera de pensar y comenzar a pensar de una manera nueva. Necesitamos volvernos de depender demasiado en los métodos y comprender que las iglesias necesitan que Jesucristo produzca verdadero fruto. Él nos aconseja que tomemos de Él "... oro refinado en el fuego para que (seamos ricos), y vestiduras blancas para (vestirnos), para que no se descubra la vergüenza de (nuestra) desnudez. Y unge tus ojos con colirio para que veas" (Apoc. 3:18).

No debemos colocar el modelo celular antes de la persona de Jesucristo. Tampoco debemos prometer algo a nuestra iglesia que sólo Jesús puede ofrecer. Dios está moviendo a Su pueblo a dedicarse a la oración y confiar en el Espíritu de Dios. Su vida se imparte a través de la comunión constante, por el tiempo que pasamos en Su presencia. Pague el precio en oración y su ministerio celular dirigirá el poder de Dios a un mundo perdido y agonizante.

Capítulo Cinco

Recoja los beneficios de la iglesia celular

Por qué debo cambiar el paradigma de la iglesia celular? "Después de todo," usted dirá, "yo sé que el Espíritu Santo debe dar victoria y yo estoy orando más; ¿por qué debo cambiar la estructura actual de mi iglesia?" Las preguntas "¿Qué hay en esto para mí?" y "¿Cómo puede el ministerio celular hacer una diferencia positiva en mi iglesia?", son válidas y pertinentes. Aquí hay algunas razones para echar una mirada seria y con oración a la iglesia celular.

La evangelización que produce tanta salvación como santificación

Programas de evangelización. Haga su elección de las docenas que se hallan en el mercado hoy día. No estoy hablando en contra de estos programas. Me he beneficiado grandemente aprendiendo a compartir el Evangelio de una manera sucinta y entendible. Sin embargo el problema con los programas de evangelización es lo que viene después. Llevar a alguien a Jesús es bastante sencillo; la dificultad está en hacer un discípulo de Jesucristo de esa persona. Muchos programas de evangelización terminan cuando una persona recibe a Cristo. Después tenemos que empezar otro programa que se llama "seguimiento."

He orado con centenares de personas para recibir a Jesús. Pero cuando los años pasaron, yo apenas podía contener la duda que me asaltaba acerca del paradero de estas personas. Hasta donde yo sabía, no estaban asistiendo a ninguna iglesia evangélica. "Dios sabe lo que les pasó," yo me decía persistentemente. Finalmente, fui más honrado conmigo mismo. "Las almas en el cinturón" de un celoso evangelista a menudo se caen por el costado del camino.

La iglesia no necesita más información sobre cómo llevar a otros a Jesucristo. El discipulado es el clamor de la iglesia hoy día. El desafío es convertir a los perdidos de tal forma que no precisemos otro programa de seguimiento. Debido a la dicotomía de la salvación y la santificación, millones de corderos indisciplinados vagan por el campo. Han aceptado a Cristo como su Salvador pero no han sido discipulados en Su cuerpo.

El Centro de Oración Mundial Betania ha empleado casi todas las artimañas posibles para atraer a las personas nuevas para llevarlas a Jesucristo. Han promovido escenarios con perros que saltan a través de los aros, levantadores de pesas llenos del Espíritu, y otras proezas para atraer a las personas para el crecimiento de la iglesia. Por medio de estos eventos, miles y miles de incrédulos han recibido a Cristo. Pero estos programas no podían retener la cosecha.[1] Betania ha aprendido por el camino difícil, por la experiencia, que la evangelización se logra mejor por medio de los vínculos en los grupos pequeños en lugar de intentarla con grandes eventos.

La atmósfera en un grupo pequeño es segura para los que no son cristianos, sobre todo si el grupo se reúne en una casa. El tiempo del grupo empieza con algo para comer y beber y lo que llamamos un rompehielos. "¿Cuál fue el primer vehículo en que recuerda haber andado?", por ejemplo, o "¿Cuál fue el primer trofeo que usted recibió?" son ejemplos de rompehielos amistosos. Después, el facilitador introduce el tema de la lección - digamos, la soledad. En este punto, el que no es cristiano está involucrado en la red de la evangelización personal. Después que alguien recibe a Cristo (más de 80 a 100 personas reciben a Jesús en Betania todos los meses), la célula proporciona un seguimiento natural e integrado.[2]

"Yo me siento desconcertada," confesó una noche Dora, una persona que todavía no era creyente. Los miembros de mi célula no saltaron sobre ella para repetir una oración. La animamos y oramos por ella. Seis semanas después, Dora oró "la oración del penitente" con mi esposa, Celyce, en nuestra casa. Debido a que ella ya era una fiel asistente a la célula, el seguimiento era algo que ya estaba integrado. Yo tuve el privilegio de bautizar a Dora en nuestra iglesia. ¡Qué diferencia es cuando alguien recibe a Cristo en un grupo pequeño!

La salvación es instantánea. El proceso de santificación toma tiempo. Una de las razones principales para el crecimiento tan rápido de las iglesias celulares es porque la salvación y la santificación ocurren naturalmente dentro de la célula. Pero no termina allí.

Cuando los creyentes nuevos se desarrollan en la semejanza de Cristo, los miembros de la célula les animan para que asistan al culto de la celebración también. Los recién convertidos son expuestos a la predicación de la Palabra y a las ordenanzas, y ven que son esenciales para el crecimiento espiritual. Los líderes de la célula y los miembros saben que su trabajo no está completo hasta que el creyente llega a ser un miembro responsable de la iglesia. Los obreros de la célula también reconocen, sin embargo, que la identificación con la iglesia madre puede llevar tiempo. Los creyentes nuevos se sienten más cómodos al principio con sus amistades en el grupo pequeño.

Los miembros nuevos tienen un lugar al cual pertenecen

Durante mi primer ministerio en Ecuador, yo serví en el equipo pastoral en una iglesia de la clase medio-superior llamada El Batán. Intentamos cerrar la puerta trasera de la iglesia pastoreando más eficazmente a los nuevos convertidos. Aproximadamente 550 personas asistían a la iglesia en ese tiempo. Diez campañas de evangelización de una semana de duración por año nos reportaban un constante flujo de visitantes, muchos de los cuales dedicaban sus vidas a Jesús. Sin embargo, nos preguntábamos continuamente cómo discipular a todos los nuevos convertidos. "Intentemos fortalecer la clase para los creyentes nuevos," un pastor sugirió. "No, vigoricemos nuestra Escuela Dominical," mencionó otro. Esta rutina continuó durante meses prácticamente sin resultados positivos. Nos enfrascamos en un juego de sillas musicales en las que los recién venidos reemplazaban a los que se iban, a menudo sin ninguna explicación.

Más allá del problema de perder a los nuevos convertidos, nos ganamos la reputación de ser una iglesia fría, carente de amor. Nuestro énfasis en las campañas de una semana nos aportaba muchos nuevos convertidos, pero nuestros miembros regulares estaban enfadados. "Yo no siento como si perteneciera aquí," se quejaba uno. "Nadie me saluda en esta iglesia," decía otro, muy afligido. Oíamos a menudo estas quejas pero escogimos enfocar en lo positivo. Muchos estaban recibiendo a Cristo a través de nuestra iglesia. Nosotros éramos una de las iglesias más grandes en Ecuador, una tierra donde sólo 3,5 por ciento de la población conoce a Jesucristo.

En medio de esta situación de miembros que rotaban y una creciente reputación de frialdad, comenzamos el ministerio celular. Nuestro énfasis era en los líderes celulares que querían cuidar el rebaño. En menos de dos años, las células crecieron de los cinco primeros entre los estudiantes universitarios, a 51. Cada departamento homogéneo pronto quiso organizarse alrededor del ministerio celular. El calor y el amor reemplazaron la frialdad. También cerramos firmemente la puerta trasera, y la asistencia a la celebración subió como un cohete de 550 a 950. Ciertamente, estábamos experimentando una relación entre el crecimiento de la célula y el crecimiento de la iglesia.

El ministerio celular es la manera más eficaz de cerrar la puerta trasera de una iglesia. Concéntrese en su ministerio celular. El ministerio celular hace que los que calientan bancos se conviertan en pastores que cuidan del rebaño. Los creyentes nuevos se convierten en líderes que continúan el proceso.

El cuidado pastoral eficaz que comparte la responsabilidad

"Ore usted, pastor. A usted le pagan por ello." Aun ahora me río de esta contestación que un miembro de su congregación anterior le dio a Chuck Smith (Capilla del Calvario de Costa Mesa, California). No todos los creyentes no ordenados expresan estos sentimientos públicamente, pero muchos piensan de esta manera calladamente. ¿No dice la Biblia que el pastor debe cumplir el papel de sacerdote, profeta, pastor y conserje? Carl George llama a esto la mentalidad de "mamá y papá". Así como las tiendas de "mamá y papá" vendían de todo un poco, el pastor "mamá y papá" debe hacer de todo.[3]

En la mayoría de las iglesias hoy día, un pastor que es parte del personal maneja todo el cuidado. ¿Está alguien enfermo? Se espera al pastor en el hospital para orar. ¿Alguien necesita asesoramiento? El pastor está esperando en su oficina. ¿Hay una reunión del comité de la iglesia? No sería lo mismo si el pastor no estuviera presente. En este modelo, la iglesia sólo crece hasta el nivel de la capacidad del pastor para satisfacer las necesidades de la congregación. El pastor sólo puede hacer tanto. Sólo puede discipular a tantas personas nuevas, por ejemplo. Los demás caen por las grietas y finalmente salen por la puerta trasera.

Dios está revelando a Su iglesia que el día del 'show' de un hombre solo ha terminado. Muchos pastores se dan cuenta que sólo pueden terminar el trabajo haciéndolo a través de otros. Tome, por ejemplo, la diferencia entre un ranchero y un pastor. Un ranchero contrata a otras personas para cuidar las ovejas. Todas las ovejas reciben cuidado, pero a través de una distribución más amplia de la administración. El ranchero cuida a las ovejas supervisando y entrenando a los pastores (los líderes de los grupos pequeños).

Características de los pastores[4]	Características de los rancheros
1. Cuidado primario - ¿Cómo puedo solucionar esta necesidad? 2. Importancia sobrestimada — "Sin mí, nada se logrará." 3. Dirigido por las expectativas — "Todos esperan que yo haga el trabajo." 4. Disponibilidad — "¿Cómo podré estar más disponible para la iglesia?" 5. Logros — "Todo depende de mí." 6. Pobre capacidad para delegar — "Nadie lo puede hacer como yo."	1. Un ministerio acorde con las necesidades de la congregación por medio del entrenamiento de líderes. 2. Supervisión flexible 3. Énfasis en los resultados. 4. Permitir que la gente funcione sin ellos. 5. Capacitados en la administración.

Compare el papel del pastor con el del ranchero

El ranchero cuida a los pastores que cuidan a las ovejas. El ranchero asegura que las ovejas reciban el cuidado necesario, pero no lo hace él mismo. Como el ranchero que trabaja por medio del personal contratado, los pastores eficaces trabajan a través de los líderes de los pequeños grupos para extenderse por toda la iglesia. Ellos aseguran que los pastores sean entrenados, preparados y que reciban la atención necesaria.

Pablo el apóstol se preocupaba por este principio cuando escribió sobre el ministerio quíntuple: "Y él mismo constituyó a unos, apóstoles;

a otros, profetas; a otros, evangelistas; a otros pastores y maestros, a fin de perfeccionar a los santos para la obra del ministerio, para la edificación del cuerpo de Cristo,..." (Ef. 4:11-12). El trabajo del líder cristiano es de hacer lugar para la cosecha, preparando al pueblo de Dios para los trabajos del ministerio.

Moisés aprendió esta lección por el camino difícil. Moisés intentó pastorear la multitud por sí solo. Hizo todo lo posible para cuidar de ellos por su propia cuenta, pero sin ningún resultado. Su suegro, Jetro, aconsejó a Moisés que preparase líderes para cuidar a los miles, cientos, y decenas de personas. Moisés superó su desafío delegando el liderazgo a otros y desarrollando grupos pequeños para cuidar el pueblo.

Un pastor ni siquiera puede ministrar adecuadamente o proporcionar el cuidado necesario a un grupo de 50 o 100 personas. George dice: "Lo que realmente ocurre es una intimidad limitada y una responsabilidad limitada. Con el tiempo, muchas personas quedan descontentas y se desilusionan, sin entender por qué es tan difícil ir más profundamente en los sentimientos de cuidar y pertenecer." [5]

Es parecido al antiguo problema de las aulas sobredimensionadas. Aunque el maestro sea extraordinario, los estudiantes no reciben la atención personal adecuada. Hay un problema con el tamaño. El modelo de la iglesia con departamentos y programas no se ocupa de esta preocupación. Ciertas personas invariablemente reciben más atención que otras. Los que son naturalmente extrovertidos se acercan al pastor e incluso desarrollan una relación con él. Pero la mayoría de su rebaño recibe poca atención.

Cuando un líder cristiano capta la visión de dar prioridad a los pastores auxiliares (los líderes de las células) para pastorear el resto de la congregación, el resultado es un adecuado cuidado personal. Las ovejas vuelven a estar satisfechas y la iglesia puede seguir creciendo.

Asesoramiento competente que utiliza a las personas no-ordenadas

Piense en una iglesia como un hospital lleno de personas heridas. Algunos hospitales (clínicas) ofrecen un cuidado a corto plazo, mientras que otros cuidan tanto a corto y a largo plazo. ¿Qué tipo de hospital es su iglesia?

Veamos los ministerios de consejería, por ejemplo. Muchos ministerios de consejería fallan en discipular y guiar a aquellos a quienes aconsejan. La persona necesitada llega para su cita, recibe un poco de ayuda y estímulo, y regresa la semana siguiente. Pero lo que pasa - o no pasa - después es el punto deficiente en la mayoría de los ministerios de consejería orientados por la iglesia. El asesoramiento a largo plazo, en otras palabras, fracasa con el tiempo. Las heridas pueden sanar, pero los consejeros ofrecen muy poca medicina preventiva.

¿Qué sucede si los líderes de los grupos pequeños son los consejeros? ¿De esa forma no se producirían mayores resultados a largo plazo? Los consejeros en esa situación pueden distribuir la medicina preventiva, y también la curativa. Un líder celular ministra según las necesidades específicas pero luego invita a la persona la célula y a una relación de discipulado para su futuro crecimiento.

Yo entiendo el lugar y la necesidad del asesoramiento profesional. Algunas personas sufren de desmesuradas fobias, problemas desde la niñez y dificultades que requieren un tratamiento especial. Cada líder de la iglesia debe saber ponerse en contacto con especialistas fiables y piadosos. Pero la mayoría de los problemas se pueden atender eficazmente a través de los líderes de los grupos celulares especializados y los miembros.

Una administración eficaz que simplifica el ministerio

El ministerio de la iglesia celular simplifica la administración de la iglesia, porque todo se supervisa por medio del sistema celular. En la Iglesia de la República en Quito, Ecuador, por ejemplo, nos cansamos de depender de una o dos personas para organizar a los ujieres. Les pedimos a las zonas celulares que proveyeran ujieres que a su vez rotarían en sus turnos. Esta idea funcionó tan bien que asignamos a las zonas para proporcionar también los maestros de la Escuela Dominical. Éstos llegaron a ser numerosos. ¿Existe la necesidad de los consejeros para discipular a los que se adelantan cuando llaman a ir hacia el frente en la iglesia? ¡Use a los líderes de las células! Las 14 zonas en el Centro de Oración Mundial Betania rotan semanalmente para proporcionar a los ujieres, los porteros, los que atienden en el estacionamiento, los ministros en el altar, la ayuda de la guardería, los intercesores y cualquier otra ayuda necesaria durante los cultos semanales. Luego el grupo está "libre" durante las 13 semanas siguientes.[6] Esto tiene sentido.

Cuando El Niño golpeó las ciudades costeras de Ecuador, muchos residentes lucharon sin comida, techo o ropa. La Iglesia de la República podría haber satisfecho las necesidades de estas personas estableciendo un nuevo programa llamado "servicios sociales." En cambio, solicitamos que los grupos celulares proporcionaran estas necesidades. Nunca antes había contribuido tanto nuestra iglesia para satisfacer las necesidades físicas de las personas carenciadas. Muchas iglesias celulares operan con éxito por medio de las células para alcanzar las necesidades sociales de su región.

La iglesia a la que yo asistía antes tiene un "ministerio celular," pero es un ministerio entre muchos otros. Al líder de la célula, como a todos los otros pastores de la iglesia, se les asigna un espacio y atención para promover su ministerio. Cuando los pastores se reúnen los martes, el pastor sobre el ministerio celular tiene un cierto tiempo para compartir. El pastor principal escucha, le ofrece palabras de apoyo al líder de la célula y entonces pasa a la siguiente área del ministerio. "Veinte personas pasaron por nuestra iglesia buscando consejería," dice el pastor encargado de aconsejar, y el pastor principal contesta: "Buen trabajo." "¿Alguno ha visto a José últimamente en la iglesia?" pregunta preocupado el pastor de los jóvenes. Nadie lo ha visto, así que pasan los siguientes diez minutos intentando figurar cómo volver a conectarse con José. ¿Suena familiar esta escena? Larry Stockstill de COMB dice:

> Todos los líderes de los programas rivalizan para obtener la atención del pastor principal y las prioridades presupuestarias. ... Todos los líderes tratan de atraer a los mismos voluntarios a sus programas. Las reuniones del personal llegan a estar cargadas emocionalmente por lo que es verdaderamente importante. El pastor queda perplejo sobre su decisión en cuanto a cuál programa debe dedicarle su energía creativa.[7]

El ministerio pastoral en la iglesia celular es un ministerio dirigido. Por ejemplo, cuando nos reunimos en la Iglesia de la República como un equipo pastoral, cada pastor habla sobre el progreso del ministerio en sus células. Cada uno de nosotros informa sobre la actividad pastoral, el entrenamiento, la evangelización, los bautismos y la visitación. Todos estamos involucrados en el trabajo principal del ministerio, que significa entrenar a los que no son ordenados para ministrar.

Debido a la similitud de propósito, es más fácil preparar a los pastores para un ministerio de tiempo completo de su propia congregación ¿De dónde vendrán estos pastores? De los líderes de las células que rápidamente multiplican sus células, demostrando de esta manera su capacidad para evangelizar, pastorear, discipular, y entrenar a los nuevos líderes.

También es más fácil de medir el progreso entre los miembros del personal. Por ejemplo, empezamos nuestra reunión pastoral semanal informando sobre lo que cada líder celular logró durante la semana en sus células. La secretaria celular tiene todas estas estadísticas compiladas antes de la reunión pastoral. Pero no hablamos sólo sobre los "logros"; discutimos sobre las necesidades de nuestro pueblo y luego entramos en un tiempo de oración ferviente.

Este ministerio dirigido es más eficaz cuando hablamos de pastorear a toda la iglesia. Todos los pastores están cuidando a los líderes de las células, que a su vez cuidan a las ovejas. Todos los pastores están activamente involucrados en la evangelización, en el cuidado pastoral, entrenamiento, visitación y consejería. Como resultado, el personal es más productivo.

El Cristianismo del Nuevo Testamento

Hemos examinado el crecimiento de la iglesia y los beneficios de la iglesia celular. También hemos oído la alarma acerca de los peligros de una dependencia excesiva en las metodologías. Más allá de la "metodología" de la iglesia celular, ésta es una filosofía que toca el mismo corazón del Nuevo Testamento. El Nuevo Testamento declara que la iglesia de Jesucristo es la familia de Dios, el cuerpo de Cristo, y el pueblo de Dios. La iglesia celular es la que mejor experimenta la práctica de esta imagen del Nuevo Testamento y ayuda a las personas a encontrar la realidad de Jesucristo.

La iglesia como la familia de Dios

La iglesia como el pueblo de Dios está estrechamente vinculada a la comprensión que la iglesia es la familia de Dios (Efesios 2:14-15).

Nosotros somos el pueblo escogido de Dios y así hemos sido adoptados en Su familia, la iglesia. Los grupos celulares resaltan esta verdad al reunirse en las casas. J. Goezmann confirma esto: "Lo que podría ser comunicado por la idea de la familia de Dios, ya existía de hecho en la comunidad cristiana primitiva a través de las iglesias en las casas." [8] Debemos relacionarnos unos con otros como miembros de la familia de Dios. Hemos sido adoptados en Su familia celestial y por consiguiente podemos honestamente llamarnos "hermanos y hermanas".

Nada nos confirma tanto el hecho que somos realmente la familia de Dios como la atmósfera de un hogar. El hogar agrega un claro sabor de la vida de una familia (decoraciones, mobiliario, cocina, etc.). No lleva mucho tiempo saborear y sentir la presencia de las relaciones familiares. En una atmósfera hogareña, los miembros de la célula sienten la calidez del ambiente más rápidamente que durante una reunión similar en el edificio de una iglesia.

Muchas iglesias intentan mantener un "sentimiento familiar" en un grupo grande. Hacen todo juntos: el picnic familiar, el asado de la Escuela Dominical, la reunión anual de la liga mayor de béisbol y otras actividades pertinentes. En este tipo de iglesia, la mayoría de los eventos son eventos de grupo. ¿Hay algo malo con esto? Por supuesto que no. Es una gran idea. El problema está en el tamaño.

Las iglesias en esta categoría no comprenden que su tamaño impide el verdadero compañerismo familiar. Cuando la iglesia era sólo un pequeño grupo de personas en los primeros años, había ese compañerismo. Pero muchas "iglesias familiares" incluso han crecido a 200 personas. El tamaño de estas iglesias impide el compañerismo ahora. Pero muy a menudo los fieles todavía insisten en grandes eventos para toda la iglesia para mantener la semejanza de una familia.

Muchos grupos eclesiásticos se resisten a reunirse en grupos más pequeños por el miedo de perder el control, y así estas iglesias raramente llegan a ser más grandes. Sin embargo, la única manera de llegar a ser más grande es volverse más pequeña. Martin y McIntosh dicen: "Siempre que una congregación alcance una asistencia al culto de 200 personas, es imposible que los individuos puedan relacionarse como una familia. Por lo tanto, cuando una iglesia llega a ser más numerosa, si se va a mantener el compañerismo y la intimidad, la congregación debe dividirse en unidades pequeñas."[9]

Cuando los grupos pequeños están en la base de su iglesia, hay más esperanza que usted podrá mantener el crecimiento que Dios quiere darle. Los grupos pequeños mantienen el sentido de familia en la iglesia aún cuando usted continúa alcanzando a los perdidos y sigue creciendo. Es la manera de crecer exponencialmente sin perder la calidad de los vínculos.

La iglesia como el cuerpo de Cristo

La iglesia es el cuerpo de Cristo (1 Cor. 12:27). Cristo, la cabeza de la iglesia, escoge a los miembros de Su cuerpo y cada parte es de igual importancia (1 Cor. 12:12-26). Como en el cuerpo humano, cada parte tiene una función diferente. ¿Cómo sabe un cristiano que parte juega en el Cuerpo? En los tres pasajes principales de Pablo que se refieren al Cuerpo de Cristo (Ef. 4, Rom. 12, 1 Cor. 12-14), él define la parte de cada miembro por sus dones correspondientes.

Pablo no estaba escribiendo teorías sobre la iglesia como el cuerpo. En la iglesia primitiva, los creyentes operaban como el cuerpo de Cristo ejerciendo sus dones espirituales mientras interactuaban en su mutua comunión. Dios da Sus dones para que los miembros del Cuerpo puedan contribuir al bienestar y edificación del todo.

¿Cómo participaban todos? Junto con la celebración unida (Hechos 2:46a), leemos que también partían el pan en sus casas y comían juntos con corazones alegres y sinceros (Hechos 2:46b). Con esta estrecha relación en mente, Pablo escribió: "... Cuando os reunís, cada uno de vosotros tiene salmo, tiene doctrina. ..." (1 Cor. 14:26).

La atmósfera de la célula en el hogar refuerza el ejercicio de los dones espirituales. Esta atmósfera participativa está siendo redescubierta de una manera fresca a través del movimiento del grupo celular. Sólo en la intimidad de un grupo pequeño, estrechamente vinculado, muchos cristianos se sienten lo suficientemente seguros como para ejercer sus dones espirituales. George nos recuerda que "Debido al contexto de un grupo basado en la afinidad y que invita a la responsabilidad, los participantes aceptarán prontamente el llamado de Dios que acompaña el descubrimiento de sus dones."[10]

Muchos asistentes a la iglesia son consumidores, no participantes. Éstos asisten al culto un día especial de la semana para recibir algún tipo de ministerio. Sin embargo las congregaciones que enfatizan sólo el culto del domingo no experimentan el Cuerpo de Cristo del Nuevo Testamento, que era un organismo participativo e intercomunicado. George Hunter cree que los cristianos que asisten a la "iglesia" sin pertenecer a un grupo pequeño están experimentando sólo la mitad de la vida Cristiana:

> Muchas personas están involucradas en la congregación... pero no en la célula; ellos por consiguiente nunca experimentan la mitad de lo que 'la iglesia' tiene para ofrecer. Sólo en las células redentoras de la iglesia podemos llegar a conocernos realmente, y apoyarnos, y luchar los unos por los otros, y obtener fuerzas de cada uno, y llorar los unos con los otros, y regocijarnos entre nosotros, y sentirnos responsables los unos por los otros y ante los otros, e identificar los dones de cada uno, y experimentar lo que significa ser 'miembros los unos de los otros.'[11]

Vivimos en una sociedad impersonal donde los corazones claman para recibir atención individual. Todo es rápido: comida rápida, dinero rápido, diversión rápida. Después del trabajo de un día duro, las personas se retiran a sus castillos y emocionalmente se preparan para el siguiente día de trabajo. Pocas personas se vuelcan a las calles después del trabajo.

Debido a nuestro individualismo, evitamos las relaciones y la transparencia que éstas requieren. El ministerio celular es un ministerio que se desarrolla cara a cara específicamente diseñado para quitar las capas de dolor y las agendas ocultas. Cada reunión celular debe incluir estos cuatro pasos que desarrollan la comunidad: La Bienvenida, La Adoración, La Palabra y el Testimonio (o Trabajos). El rompehielos (la bienvenida) por lo general toca alguna parte del pasado de cada persona y, si bien a veces puede ser cómico, revela mucho sobre cada persona. Luego la Adoración atrae a los miembros a la presencia del Dios viviente. Las lecciones de la célula (la Palabra) invitan a cada persona a contribuir, evitando así la mentalidad del show de un solo hombre. Finalmente está el tiempo para dar la visión (el Testimonio). Se requiere que el grupo trabaje unido para ganar un mundo perdido para Cristo.

En este escenario, el grupo aprende a operar como el cuerpo ejerciendo todos los dones.

La iglesia como el pueblo de Dios

El apóstol Pablo presenta a la iglesia como el pueblo de Dios. Dios escogió a un pueblo a la que Él llama Su iglesia. Este concepto del Nuevo Testamento refleja la imagen de Dios del Antiguo Testamento que convoca a su pueblo de Egipto para entrar en la tierra que Él les prometió. Pablo escribió a la iglesia en Tesalónica: "Pero nosotros debemos dar siempre gracias a Dios respecto a vosotros, hermanos amados por el Señor, de que Dios los haya escogido desde el principio para salvación, mediante la santificación por el Espíritu y la fe en la verdad" (2 Tes. 2:13-14).

La iglesia como el pueblo de Dios contrasta directamente con la opinión popular de que la iglesia es una institución. La iglesia es una casa viva y espiritual del pueblo de Dios. Nosotros como el pueblo de Dios somos un organismo y no un edificio. Cuando los padres de la iglesia primitiva hablaban de "las iglesias," se referían a las comunidades reunidas de los creyentes, y no a los edificios. Los arqueólogos no encuentran ningún indicio de los edificios para la iglesia antes del año 150 d. de C.

Sin embargo nos involucramos tanto para mantener edificios caros que nos olvidamos que la preocupación principal de la iglesia debe ser la de cumplir su rol como una "asamblea del pueblo de Dios que ha sido llamada afuera." La ansiosa preocupación de utilizar edificios caros puede sofocar la necesidad de tener reuniones con vínculos estrechos, orientadas hacia el cuerpo (de Cristo). Debemos construir y usar nuestros edificios de la iglesia teniendo en cuenta lo siguiente: El edificio está allí por causa de las personas, no las personas por causa del edificio.

Conclusión

En 1961 fue introducido el vehículo para la nieve entre los Skolt Lapps, un pueblo que tenía rebaños de renos en el norte de Finlandia. Para 1971, casi todas las 72 casas tenían por lo menos un vehículo para la nieve, que muy pronto reemplazaron los esquís y los trineos tirados por renos entre los Skolt Lapps. ¿Por qué? Por los beneficios. Los vehículos para la nieve reducen el viaje de ida y vuelta de tres días para los suministros (en el trineo tirado por renos) a cinco horas (en el vehículo) y hacen que la tarea de cuidar el rebaño de los renos sea mucho más fácil.[12]

Usted podría estar leyendo acerca de la iglesia celular por primera vez. "¿Qué hay en esto para mí?" y "El ministerio celular, ¿de qué forma puede mejorar verdaderamente mi iglesia?" son preguntas muy apropiadas. El modelo de la iglesia celular aumentará su eficacia en la evangelización, en el cuidado pastoral, en la consejería, la administración, y para experimentar la vida vital y la comunidad del cristianismo del Nuevo Testamento.

¿Está pronto para cambiar su paradigma?

Capítulo Seis

Siga a la iglesia primitiva

El corazón de la iglesia primitiva era el movimiento celular en las casas. El Espíritu Santo, trabajando a través de la iglesia celular, encendió una explosión que nosotros estamos experimentando nuevamente hoy día. ¿Qué clase de estructura utilizó Dios?
- Hechos 2:46: "Perseveraban unánimes cada día en el Templo, y partiendo el pan en las casas comían juntos con alegría y sencillez de corazón."
- Hechos 5:42: "Y todos los días, en el Templo y por las casas, incesantemente, enseñaban y predicaban a Jesucristo." Ellos experimentaron la emoción de las multitudes y la intimidad de los pocos (el grupo pequeño).
- Hechos 16:5 revela los resultados: "Así que las iglesias eran animadas en la fe y aumentaban en número cada día." Muchos cristianos están tan entusiasmados con el sistema de la iglesia celular por su fuerte base bíblica.

Cristo y los grupos pequeños

Los apóstoles experimentaron el poder de los grupos pequeños durante sus años con el Maestro. Después que Jesús los llenó del Espíritu Santo y los liberó para construir Su iglesia, los discípulos llevaron a cabo la estructura que Cristo había planeado para ellos de una forma natural. A través del grupo pequeño, llegaron a estar íntimamente relacionados con Jesús y entre sí. A pesar de sus diferencias obvias - un cobrador de impuestos, un luchador por la libertad, un pescador – llegaron a amarse los unos a los otros. Jesús realizó milagros en Su pequeño grupo, luego les enseñaba su significado. Él enseñaba parábolas oscuras a las multitudes, pero repetida y pacientemente clarificaba su significado para Su grupo pequeño. Jesús les dio el modelo del camino de la verdad, y los discípulos observaron y gustaron esto en su grupo pequeño.

Los 12 entendieron la comunidad piadosa mejor que nadie. Cuando el apóstol Juan escribió a los cristianos del primer siglo acerca de la comunidad (koinonia), él compartió de su propia experiencia. Ciertamente hubo una transformación poderosa mientras los seguidores de Cristo se relacionaban con su Maestro en este ambiente del pequeño grupo.

Las células del primer siglo y la celebración

Mientras los apóstoles aplicaron la estructura de la iglesia que ellos entendían, juntaban a los creyentes en grupos grandes y les decían que se reunieran en grupos pequeños, íntimos. Sin un edificio que pudiera contener a los primeros cristianos, ellos adoraban en los templos judíos y se ministraban los unos a los otros de casa en casa (Hechos 2:46). Pablo el apóstol, aunque no era uno de los 12 originales, siguió el mismo modelo. Después de años de ministerio, reiteró su estrategia a los ancianos de Éfeso: "Vosotros sabéis... como nada que fuera útil he rehuido de anunciaros y enseñaros, públicamente y por las casas." (Hechos 20:20).

Se necesita la célula y la celebración

Las iglesias celulares hoy día se reúnen semanalmente para la célula y para la celebración. Pero la iglesia primitiva se reunía diariamente. "Y todos los días, en el Templo y por las casas, incesantemente, enseñaban y predicaban a Jesucristo." (Hechos 5:42).

El éxtasis de la celebración grande y la cercanía de la comunión del pequeño grupo alimentaba a la iglesia primitiva con una dieta variada pero estable. Los creyentes oían las enseñanzas eternas y se regocijaban en una vibrante celebración. Reconocían que estaban experimentando algo grande y dinámico. Sin embargo las multitudes se sentían seguras debido a las relaciones íntimas desarrolladas cuando se reunían con unos pocos que asistían en forma regular. De esta manera nació la dinámica poderosa de la iglesia celular. Tanto la célula como la celebración eran esenciales en aquellos días primitivos debido a los beneficios prácticos que cada una ofrecía.

Los beneficios de la celebración

En la celebración, Dios apartó maestros capacitados para alimentar todo el rebaño con Su Palabra, por otra parte considerados como los que se dedican a "la enseñanza de los apóstoles" (Hechos 2:42). ¡Que estimulante debe de haber sido oír de los mismos apóstoles que habían caminado mano en mano con Jesús durante tres años. Los primeros creyentes judíos requerían una clara enseñanza relacionando la enseñanza del Mesías con el Antiguo Testamento. Con los enemigos adentro y afuera en posición para atacar a la frágil iglesia, esos creyentes necesitaban un fundamento firme. Durante dichas reuniones de celebración, los apóstoles también impartían la visión para llevar el Evangelio hasta lo último de la tierra. Después de todo, la comisión del Maestro era de hacer discípulos en todas las naciones.

Los beneficios de la célula

Pero la celebración sola era inadecuada para la iglesia primitiva, que requería un cauce para expresar la vida vital del Espíritu Santo. Tomar el poder de Dios sin tener una salida produce un estancamiento. La enseñanza de los apóstoles habría llegado a ser fría e impersonal sin una manera de aplicarla. Dios proporcionó dicha participación en los pequeños grupos en los hogares. Después de oír la Palabra de Dios, los creyentes llevaron esos principios a las reuniones en los hogares. La discusión, participación y ministerio fluían naturalmente de las enseñanzas. Cada miembro ejercía los dones espirituales para la edificación del Cuerpo de Cristo. Una reunión complementaba la otra. A diferencia de las grandes concentraciones en las cortes del templo que escuchaban la Palabra de Dios de los apóstoles, los pequeños grupos celulares en los hogares eran personales y orientados a la aplicación de esas enseñanzas.

El movimiento de la iglesia en los hogares

Durante la primera parte del primer siglo, la experiencia de la celebración/célula ocurría diariamente. La persecución, sin embargo, finalmente hizo que estas reuniones fueran imposibles ya que la ira de las legiones romanas cayó sobre los primeros cristianos. Las autoridades arrastraron a muchos creyentes a la cárcel y a otros a la muerte. Leemos que "... el rey Herodes echó mano a algunos de la iglesia para maltratarlos. Mató a espada a Jacobo, hermano de Juan" (Hechos 12:1-2). El cristianismo pronto llegó a ser un movimiento subterráneo. El lugar de reunión lógico era las casas privadas, no los templos públicos.

Pedro, por ejemplo, estaba huyendo de la persecución cuando llegó a la casa de María, la madre de Juan, donde "... muchos estaban allí reunidos, orando" (Hechos 12:12). Las células en los hogares ya eran un estilo de vida, pero ahora llegaron a ser las únicas reuniones de la iglesia. Los creyentes combinaron los tiempos de la célula y la celebración en esas reuniones primitivas en los hogares, y la iglesia en las casas llegó a ser normativa.

El paradigma de la célula/celebración era preferible hasta que la persecución lo hizo imposible, y este hecho tiene implicaciones para la iglesia celular hoy día. Cuando es posible, es preferible ofrecer la reunión de la célula y la celebración. Estos dos tipos de reuniones proporcionan la fibra espiritual esencial para todo creyente. El modelo de la iglesia en las casas (iglesias independientes que se reúnen en las casas) tiene sentido en lugares como China y otros países de acceso restringido donde no se permiten a los cristianos reunirse para los cultos oficiales de la "iglesia".[1]

Algunos señalan que las iglesias primitivas en los hogares se reunían de vez en cuando para las reuniones de la celebración aún durante la persecución de los cristianos. La Fiesta de Amor de 1 Corintios 11 y la visita de Pablo a Troas en Hechos 20:6-12 podrían ser ejemplos de celebraciones conjuntas. Bruce comenta: "Estas iglesias en los hogares parecen haber sido círculos más pequeños de comunión dentro de la comunión mayor de la ecclesia de la ciudad."[2] Pablo también otorga una rápida visión de esta relación en sus epístolas. "A la iglesia de Dios que está en Corinto, a los santificados en Cristo Jesús" escribe a la iglesia en la ciudad (1 Cor. 1:2). "Aquila y Priscilla, con la iglesia que está en su casa, os saludan mucho en el Señor." Aquí Pablo escribe acerca de una iglesia en un hogar específico (1 Cor. 16:19). Pablo repite este modelo en sus epístolas a los Tesalonicenses y a los Romanos (1 Tes. 1:1, 2 Tes. 1:1, Rom. 16:23). Roberto Banks, un erudito del Nuevo Testamento con su especialización en las iglesias en los hogares, reconoce que Pablo a menudo implicaba una relación entre las iglesias en las casas, aunque no a través de ninguna política eclesiástica.[3]

Contexto del Nuevo Testamento

Todos tenemos la tendencia de introducir con nuestra lectura la estructura de nuestra iglesia en el Nuevo Testamento. Por ejemplo, cuando algunos leen los pasajes de la comunión se imaginarán a Pablo parado detrás de una mesa en una iglesia del primer siglo con capacidad para 200 butacas, porque eso es lo que su pastor hace hoy. Se pueden olvidar que Pablo escribió sus epístolas como cartas específicas a las iglesias en las casas. Aquí hay algunos ejemplos de porciones escritas a las iglesias en las casas:

1. Hechos 12:12 - "Al darse cuenta de esto, (Pedro) llegó a casa de María, la madre de Juan, el que tenía por sobrenombre Marcos. Muchos estaban allí reunidos, orando."
2. Romanos 16:3-5 - "Saludad a Priscila y a Aquila, mis colaboradores en Cristo Jesús, que expusieron su vida por mí, a los cuales no solo yo doy las gracias, sino también todas las iglesias de los gentiles. Saludad también a la iglesia que se reúne en su casa."
3. 1 Corintios 16:19 - "Las iglesias de Asia os saludan. Aquila y Priscila con la iglesia que está en su casa, os saludan mucho en el Señor."
4. Colosenses 4:15 - "Saludad a los hermanos que están en Laodicea, a Ninfas y a la iglesia que está en su casa."
5. Filemón 2 - "A la amada hermana Apia, a Arquipo, nuestro compañero de milicia, y a la iglesia que está en su casa."

Todas las cartas del Nuevo Testamento fueron escritas a las iglesias caseras del primer siglo. Cuando Pablo, por ejemplo, escribió sobre los creyentes sirviéndose y esperándose los unos a los otros durante la Cena del Señor, era en el contexto de una casa, no del edificio de una iglesia. Cuando Pablo expuso sobre el funcionamiento de los dones espirituales, se refería al ambiente de una iglesia casera. Cuando aclaró el papel de cada miembro en el cuerpo de Cristo, planteó la atmósfera calurosa de la iglesia casera primitiva. Juan Mallison escribe: "Es casi seguro que todas las menciones a una iglesia local o a una reunión, ya sea para la adoración o para la comunión, es en realidad una referencia a una iglesia reuniéndose en una casa."[4] Hadaway, S. Wright y DuBose agregan: "Desde el principio, las casas parecían ser el lugar donde más tiempo se pasaba en la vida de la iglesia primitiva."[5] Ubique las siguientes citas de las Escrituras dentro de la atmósfera de la iglesia casera del primer siglo:

1. La Cena del Señor: 1 Corintios 11:18, 20, 23-26 - "En primer lugar, cuando os reunís como iglesia, oigo que hay entre vosotros

divisiones; y en parte lo creo. Cuando, pues, os reunís vosotros, eso no es comer la Cena del Señor. Yo recibí del Señor lo que también os he enseñado: Que el Señor Jesús, la noche que fue entregado, tomó pan; y habiendo dado gracias, lo partió, y dijo: 'Tomad, comed; esto es mi cuerpo que por vosotros es partido (dado); haced esto en memoria de mí.' Asimismo tomó también la copa después de haber cenado, diciendo: 'Esta copa es el nuevo pacto en mi sangre; haced esto todas las veces que la bebáis, en memoria de mí.' Así pues, todas las veces que comáis este pan y bebáis esta copa, la muerte del Señor anunciáis hasta que Él venga."

2. El Cuerpo de Cristo: 1 Corintios 12:14, 15, 22, 25, 27 - "Además, el cuerpo no es un solo miembro, sino muchos. Si dijera el pie: "como no soy mano, no soy del cuerpo", ¿por eso no sería del cuerpo? Al contrario, los miembros del cuerpo que parecen más débiles, son los más necesarios; ...para que no haya divisiones en el cuerpo, sino que todos los miembros se preocupen los unos por los otros. De manera que si un miembro padece, todos los miembros se duelen con él, y si un miembro recibe honra, todos los miembros con él se gozan. Vosotros, pues, sois el cuerpo de Cristo y miembros cada uno en particular."

3. Los Dones del Espíritu: Romanos 12:5-8 - "... Así nosotros, siendo muchos, somos un cuerpo en Cristo, y todos miembros los unos de los otros. Tenemos, pues, diferentes dones, según la gracia que nos es dada: el que tiene el don profecía, úselo conforme a la medida de la fe; exl de servicio, en servir; el que enseña, en la enseñanza; el que exhorta, en la exhortación; el que reparte, con generosidad; el que preside, con solicitud; el que hace misericordia, con alegría."

4. El Sacerdocio de Todos los Creyentes: Apocalipsis 1:5-6: - "... Y de Jesucristo, el testigo fiel, el primogénito de los muertos y el soberano de los reyes de la tierra. Al que nos ama y nos ha lavado de nuestros pecados por su sangre, y nos hizo reyes y sacerdotes para Dios, su Padre, a él sea gloria e imperio por los siglos de los siglos. Amén."

5. El Cuidado Mutuo: Efesios 4:32;5:1-2 - "Antes sed bondadosos unos con otros, misericordiosos, perdonándoos unos a otros, como Dios os perdonó a vosotros en Cristo. ... Sed, pues, imitadores de Dios como hijos amados. Y andad en amor, como también Cristo

nos amó y se entregó a sí mismo por nosotros, ofrenda y sacrificio a Dios en olor fragante."

6. Hospitalidad: 1 Pedro 4:8-9; 3:8 - "Y ante todo, tened entre vosotros ferviente amor, porque el amor cubrirá multitud de pecados. Hospedaos los unos a los otros sin murmuraciones. ... En fin, sed todos de un mismo sentir, compasivos, amándoos fraternalmente, misericordiosos, amigables."

7. Acción Social: Romanos 15:25-26 - "Pero ahora voy a Jerusalén para ministrar a los santos, porque Macedonia y Acaya tuvieron a bien hacer una ofrenda para los pobres entre los santos que están en Jerusalén."

La cálida atmósfera del cuidado de la iglesia en las casas prevaleció por aproximadamente cuatro siglos. El mundo intentó desesperadamente aniquilar la iglesia de Cristo por medio de la tortura, el terror e interminables persecuciones, pero la iglesia se aferró a su Señor mientras se reunía subterráneamente. Ellos crecieron recordando las palabras de 1 Pedro 1:6-7:

> Por lo cual vosotros os alegráis, aunque ahora por un poco de tiempo, si es necesario, tengáis que ser afligidos en diversas pruebas, para que sometida a prueba vuestra fe, mucho más preciosa que el oro (el cual, aunque perecedero, se prueba con fuego), sea hallada en alabanza, gloria y honra cuando sea manifestado Jesucristo.

A pesar de la feroz persecución, la iglesia primitiva creció exponencialmente. El poderoso imperio romano no pudo detener a los creyentes de Jesús, y pronto la Cristiandad conquistó el mundo. Jesús, el Señor de la Iglesia, concedió la victoria. Satanás habría tenido más éxito contra una iglesia grande, centralizada. Pero porque tenía que luchar contra las iglesias en las casas esparcidas a lo largo del imperio, su tarea resultó ser fútil.

Luego sobrevino inesperadamente un cambio cataclísmico, y la iglesia salió como un héroe público. La era del emperador Constantino introdujo todo una nueva dinámica para la iglesia.

El alejamiento de los principios primitivos de la iglesia

Cuando el Emperador Constantino subió al poder (312 d. de C.), le dio descanso a la iglesia de las incesantes persecuciones. De muchísimos modos esto era una tremenda victoria. ¿Por qué, entonces, entró la iglesia en un periodo que llamamos del 'oscurantismo'?" Aquí hay algunas de las múltiples razones:

La legalización de Cristiandad

Constantino prometió abandonar la persecución, así que el cristianismo ya no era una religión prohibida. Pero entonces instituyó el cristianismo como la religión del estado. El orden anterior fue invertido repentinamente.

Cuando el cristianismo era una religión despreciada y proscrita, sólo los verdaderos creyentes participaban en los asuntos de la iglesia. Con la aceptación resonante del cristianismo, todos corrieron para unirse. "Si no puede vencerlos, lo mejor será unirse a ellos" llegó a ser el sentimiento de la época. Se bautizaron ejércitos enteros de una sola vez. Las personas se convertían de las religiones paganas al cristianismo porque era lo culturalmente aceptable del momento. El mundo llegó a ser parte de la iglesia, y la iglesia se volvió parte del mundo.

Constantino fue tan lejos como para establecer a los sacerdotes con un salario pago por el gobierno. La que fue una vez la iglesia cristiana humilde se volvió la iglesia estatal de alto nivel, yendo repentinamente de las riquezas a los trapos. Los cristianos "mundanos" comprendían un grupo grande en la iglesia. Pero todos estos eventos aparentemente positivos tuvieron la consecuencia de socavar la espiritualidad y el celo por la pureza del Evangelio. La sagrada comunión cristiana se convirtió en un ritual religioso impersonal.

El sacerdocio de todos los santos especiales

Varios factores estaban trabajando detrás del escenario para aumentar la separación entre el clero y los no ordenados. La espontaneidad y el sacerdocio de todos los creyentes llegaron a estar bajo un control más estricto de parte de los obispos elegidos.

Puesto que todavía se estaba completando la Escritura del Nuevo Testamento, muchas voces reclamaban autoridad y reclamaban la verdad. ¿Cómo podría diferenciar uno la verdadera iglesia de las legiones de alternativas religiosas (por ej., el Gnosticismo, etc.)? "La sucesión apostólica," que concedía autoridad a los que podían rastrear su origen a los apóstoles originales, llegó a ser la manera de distinguir entre los que tenían la autoridad de Dios y los que no la tenían. Kenneth Scott Latourette explica lo siguiente:

> Él [Ireneo]... era enfático en que los apóstoles habían nombrado como sucesores a los obispos a quienes ellos habían encomendado las iglesias. ... Estos obispos habían sido seguidos por otros sin interrupción que también eran los guardianes y garantes de la enseñanza apostólica. Él sugiere que podría, si tuviera espacio, dar las listas de los obispos de todas las iglesias, pero señala particularmente a la Iglesia de Roma. ...[6]

Los que estaban en autoridad desarrollaron listas detalladas para demostrar que tal y tal persona era de hecho un discípulo del discípulo de alguien que conocía a los apóstoles primitivos. Sólo el sucesor de un apóstol podía ministrar legítimamente. Constantino reconocía públicamente y recompensaba a estos obispos. La iglesia empezó a estimar esta "herencia" más que la piedad y la unción de una persona. En las ciudades principales, los obispos crecieron en poder, y su palabra era respetada y obedecida.

El ministerio llegó a ser el trabajo exclusivo y personal de ciertos ministros selectos. Sólo los elegidos podían ministrar legítimamente a las multitudes. Sobre estos santos especiales se mantuvo la mayor atención, mientras se esperaba que el cristiano común permaneciera sentado, escuchando y obedeciendo. Esto produjo la inactividad de los que no habían sido ordenados. La Biblia fue quitada de las manos del pueblo y fue entregada a los hombres sabios que la estudiarían y ofrecerían sus juicios. William Brown escribe lo siguiente:

> El retorno a un sacerdocio o ministerio 'oficial'... lanzó a los cristianos no ordenados principalmente para cumplir el papel de oidores de la Ley y espectadores del misterioso cuadro de los sacrificios. Este papel pasivo en la adoración llegó a ser otra vez la experiencia normal del pueblo de Dios a medida que la iglesia se desarrollaba.[7]

Este sistema de la jerarquía que surgió mató la iniciativa del pueblo no ordenado porque toda innovación personal y la libertad fueron inhibidas. Se exigía la sumisión y la obediencia. A medida que se fortalecía la máquina jerárquica, se implementaron métodos de tortura para impedir que los no ordenados expusieran sus ideas bíblicas. El orden estricto y el mantenimiento del 'status quo' eran actividades importantes.

Se entretejieron muchos rituales del Antiguo Testamento en la Misa, y los sacerdotes tenían muy escaso contacto con el pueblo. ¡Qué lejos estaba esta práctica de las iglesias primitivas en los hogares! La liturgia dominical reemplazó el compartir del pequeño grupo, algo tan común en las reuniones diarias de las primitivas iglesias en las casas. Cuando las basílicas grandes fueron erigidas, la vida de la iglesia y el Cuerpo de Cristo cayeron de plano.

La doctrina del sacerdocio de todos los creyentes desapareció rápidamente. La iglesia primitiva abrazaba a todos los hombres o mujeres de Dios que ministraban con poder, y los líderes eran nombrados según su don particular. Pero la iglesia del estado exigía que los creyentes pasaran por todos los procedimientos y dificultades del sacerdocio antes de liberarlos para el ministerio. Estas palabras de Pedro llegaron a ser desconocidas:

> "Mas vosotros sois linaje escogido, real sacerdocio, nación santa, pueblo adquirido por Dios, para que anunciéis las virtudes de Aquel que os llamó de las tinieblas a su luz admirable; vosotros que en otro tiempo no erais pueblo, pero que ahora sois pueblo de Dios; que en otro tiempo no habíais alcanzado misericordia, pero ahora habéis alcanzado misericordia" (1 Pedro 2:9-10).

Fallecimiento de la Iglesia en los Hogares

Con el advenimiento de Constantino y la legalización del cristianismo, se construyeron inmensos y pródigos templos con los fondos tomados de las arcas del gobierno. Estas obras de arte impresionantes, con sus ornamentos e imágenes, pueden haber dado un sentido de la majestad de Dios incluso al no iniciado, pero a un precio alto: La casa, la insignia e identidad de la iglesia primitiva, llegó a ser innecesaria e irrelevante.[8] La celebración sin la célula llegó a ser la forma aceptada del culto.

La vida que caracterizaba a la iglesia primitiva se esfumó en los fríos templos de la edad media. ¡Si tan sólo pudieran haber encontrado el equilibrio de la estructura del Nuevo Testamento!

Sin embargo entre la pompa y el lujo de esas reuniones en las catedrales, muchas personas sedientas anhelaban algo más. Se desarrolló una severa dicotomía entre los super-espirituales y la mayoría religiosa. Los que anhelaban más de Dios se sintieron obligados a separarse de la ceremonia y trampas de la Misa. Estas personas sinceras y fervientes huyeron a las montañas y a los desiertos para buscar al Dios viviente, y encontraron refugio en los monasterios y escondites de la montaña. Pero en su búsqueda de una iglesia neotestamentaria, se separaron del resto del cuerpo. Éste nunca fue el plan de Dios. El paradigma de la célula/celebración desapareció, y la iglesia cayó en el oscurantismo.

La reforma

Felizmente, tuvo lugar la Reforma. Junto con la doctrina liberalizadora de la justificación que declara que las personas son libres de la culpa y de la condenación que conlleva el pecado por el sacrificio de Jesús, Martín Lutero declaró nuevamente que todos los creyentes eran sacerdotes ante Dios (1 Pedro 2:9-10).

Lutero concluyó que la Sede Romana estaba separando a las personas de Dios dando énfasis a la jerarquía y posición. La doctrina de la justificación llamaba a todos a estar delante de Dios por medio de Cristo. La iglesia entera fue llamada a vivir por la fe delante de Dios y realizar la actividad de los sacerdotes ante Dios. Esta profesión no era solamente para unos pocos escogidos, sino para la iglesia entera.

Lutero y el sacerdocio de todos los creyentes

Lutero se quedó corto en la Reforma. Aunque Lutero enfatizaba una doctrina correcta, su efecto sobre la estructura de la iglesia era mínima. Positivamente, muchos fueron despertados a ver su propia responsabilidad delante de Dios, y la predicación de la Palabra volvió a ocupar un lugar central. Lutero, sin embargo, creyó que la iglesia consistía en la totalidad del estado, a la que una persona entraba a través del bautismo infantil. Todas las personas en el estado eran consideradas parte de la iglesia y debían asistir a los cultos del domingo.

La resistencia de Lutero a los grupos en las casas

En los primeros días de la Reforma, Lutero habló muy favorablemente de los grupos pequeños. Incluso escribió sobre la posibilidad que "... los que quieren ser Cristianos en serio... deberían firmar sus nombres y reunirse aparte en alguna casa para orar, leer, bautizar, recibir el sacramento, y realizar otras tareas cristianas."[9]

Sin embargo eso sucedió antes que vinieran los Anabaptistas que practicaban el bautismo de los creyentes adultos. Ellos adoraban en iglesias "reunidas", no idénticas a la comunidad en general, sino compuesta de aquellos que habían experimentado el nuevo nacimiento. La iglesia de la Reforma se opuso fuertemente a sus actividades.

Con la controversia de los Anabaptistas en su mente, Lutero confesó que había "cambiado de parecer," declarando que ya no creía que los "cristianos sinceros y fervientes" debieran reunirse en una casa para "orar, leer, bautizar, recibir el sacramento, y hacer otras tareas cristianas."[10] Lutero temía el potencial para la división de los grupos pequeños. Así escribió:

> Todos los elementos [de la verdadera iglesia] estarían allí en esos grupos pequeños y, tan seguro como que Satanás busca destruir nuestras almas, algún espíritu farisaico concluirá que su grupo pequeño es la iglesia, y que todos los demás están condenados. De hecho, ya ha sucedido, si debo creer el rumor que oigo. Cierto hermanos falsos se vuelven a bautizar y entonces salen furtivamente lejos de la iglesia de Dios para reunirse con otros necios desencaminados en varios agujeros y esquinas. Ellos aseguran que son los únicos verdaderos cristianos, y enseñan que deben separarse de toda iniquidad.[11]

Las preocupaciones de Lutero eran prácticas y pragmáticas. Él ya tenía suficiente oposición de la Iglesia Católico-Romana, así que, ¿por qué hacer que la Reforma fuera aún más radical, separándose de la estructura de la iglesia del estado? El movimiento de Lutero dependía de la protección del estado desde Roma. Permitir que los Anabaptistas se separaran del estado era igual que debilitar la unidad del estado.

Un retorno a las raíces Bíblicas

Desde los tiempos de Lutero varios movimientos han intentado reafirmar el movimiento en los hogares como en el Nuevo Testamento: Martin Bucer y el movimiento de la reforma en Salzburgo, el movimiento Pietista, el movimiento Moravo, el movimiento metodista, y ahora el movimiento celular moderno. Estos movimientos fueron más allá de la iglesia de la Reforma para practicar el sacerdocio de todos los creyentes.

Hay un nuevo despertar para volver al paradigma del Nuevo Testamento de la célula-celebración. Los grupos celulares carecen de importancia si no tienen alabanza y adoración. La celebración de la adoración puede crecer tanto como sea posible – ¡cuanto más grande, mejor! Es como mirar un juego de básquetbol profesional. La gran cantidad de personas contribuye a la excitación. J.I. Packer escribe lo siguiente: "Yo voy por todas partes diciéndoles a las personas que si no se reúnen con toda la congregación el domingo, y en algún grupo pequeño durante la semana, sus vidas cristianas están desequilibradas."[12]

En cambio, muchos cristianos saltan de la reunión grande con muchas personas el domingo a un estudio bíblico grande o a una reunión del departamento. Es más pequeño, pero no es íntimo. Otros prefieren esconderse bajo el monótono sermonear de un pastor. Estos feligreses se lanzan rápidamente a la puerta de la salida y evitan todo contacto con las personas. Contentos con haber "cumplido con su deber," ellos alivian su conciencia hasta que llega el siguiente domingo.

Un número creciente de creyentes está enfrentando su doble responsabilidad. Las personas deben participar en una celebración grande, pero también necesitan pertenecer a algo lo suficientemente pequeño que llega a sus mismas personas. Todos necesitamos una oportunidad para expresar el "verdadero yo," y nadie podría decirlo exactamente como usted. Usted es un individuo sin nadie que se le asemeje, lleno de emociones, victorias, problemas y dolor. Y como todo aquello que es complejo, su sistema puede quebrantarse y enfermarse a menos que se cuide y se afine. Este es el papel del grupo celular. Las personas en la iglesia de Cristo anhelan atención personal.

La belleza del grupo pequeño dentro de la estructura de la iglesia es el equilibrio entre lo pequeño y lo grande - el rugir de la muchedumbre y el oído que presta atención a la célula. Ambos son importantes. Sólo al nivel de las células pueden ser satisfechas las necesidades más profundas de las personas. Rick Warren, fundador de una de las iglesias más grandes en EE.UU. (más de 10,000 personas asisten a Saddleback cada domingo) dice lo siguiente:

> Uno de los mayores temores que los miembros tienen sobre el crecimiento es cómo mantener ese sentimiento de la 'pequeña iglesia' o comunión a medida que su iglesia crece. El antídoto a este temor es desarrollar los grupos pequeños dentro de su iglesia. ... Nuestra iglesia siempre debe estar creciendo y achicándose al mismo tiempo. ... Las celebraciones de los grupos grandes les dan a las personas el sentimiento que ellos son parte de algo importante. Pero no se pueden compartir las solicitudes de oración personal en la muchedumbre. La afinidad de los grupos pequeños, por otro lado, es perfecta para crear un sentimiento de intimidad y estrecho compañerismo. Allí es donde todos conocen los nombres de los demás. Cuando alguien falta, las demás personas lo notan.[13]

El movimiento actual de la iglesia celular está volviendo a encender el fuego de la iglesia primitiva. Hay un nuevo apetito por algo más que una simple reunión congregacional. Hay una fuente de esperanza mientras Dios pide a Su iglesia que mire al pasado para poder marchar hacia delante. Esta "mirada atrás" clarifica la dinámica de la iglesia primitiva. La iglesia primitiva evangelizó tan eficazmente porque desarrolló músculos espirituales en la calidez moderada de la comunidad cristiana.

Sección Tres
Estructure su iglesia para el crecimiento

Capítulo Siete

Entienda qué es una célula

No importa el tipo de grupo pequeño que usted está buscando, lo más probable es que lo hallará. Los grupos pequeños existen en Estados Unidos para las personas con desórdenes físicos, juventudes con dependencia química, solteros, parejas con problemas, y padres de niños con desórdenes en el aprendizaje. La lista continúa. Ochenta millones de los 200 millones de adultos en EE.UU. están en un grupo pequeño.[1] Uno de cada seis de ellos es un miembro nuevo, confirmando así que los grupos pequeños están vivos y creciendo.[2] "¿Pero qué es un grupo pequeño? Con la proliferación de tantos tipos de grupos pequeños, la confusión nubla el horizonte. Algunos definen los grupos pequeños como un pequeño número de personas, y que se reúnen como un grupo. Esto podría incluir las clases de las Escuelas Dominicales, la reunión de la Junta, el coro, o un grupo celular en los hogares. Hay varios modelos de grupos pequeños en el paisaje norteamericano.

La gran variedad de modelos de pequeños grupos que existen hoy día ofrece maneras diferentes de organizar su iglesia. Pero todos no son formados de la misma manera. Algunos establecen un mejor fundamento que otros. Una palabra de cautela: Nunca imite simplemente un modelo de los grupos pequeños. Aprenda los principios detrás del modelo, y éstos lo guiarán en su situación, cultura y contexto. Nunca se olvide que los principios son la clave, y no los modelos que encontramos alrededor del mundo. Los principios traen vida, dirección y sabiduría.

El modelo de la iglesia celular

Una iglesia celular es una forma no-tradicional de la vida de la iglesia en la que los grupos pequeños de cristianos (células) se reúnen en sus casas para edificarse mutuamente en Cristo y evangelizar a los incrédulos. Es una iglesia que define sus células como los ladrillos básicos para la edificación de la vida de la iglesia.

El Capítulo 3 de este libro describe los modelos y los principios importantes encontrados en las iglesias celulares más prominentes. La mayoría de las personas atribuyen el origen del Modelo de la Iglesia Celular a David Yonggi Cho cuyo sistema ha sido reproducido por pastores y líderes de la iglesia en todo el mundo. Una de las similitudes entre las iglesias celulares en América Latina, por ejemplo, es la influencia de Cho en su ministerio celular. Los principales expertos en materia celular tales como Ralph Neighbour, hijo, Carl George y Dale Galloway citan abiertamente a Cho como el fundador de su modelo particular de ministerio celular.[3]

Aunque Cho es la principal inspiración detrás del Modelo de la Iglesia Celular, Neighbour ha escrito extensamente sobre él. También ha realizado la mayor investigación sobre las iglesias basadas en células en todo el mundo. Su celo y pureza son evidentes: "... la célula es la iglesia, y la iglesia es la célula. Es el ladrillo básico de la comunidad más grande llamada "iglesia local." No debe haber ninguna competencia contra ella - ninguna en absoluto."[4]

En el Modelo de la Iglesia Celular, las células son la base de la iglesia. Lawrence Khong, el pastor de una de las iglesias celulares que crecen más rápidamente, escribe lo siguiente: "Hay una inmensa diferencia entre una iglesia con células y una iglesia celular. ... Todo lo que realiza la iglesia ... se hace a través de la célula. Nuestro culto del domingo es justamente la celebración del cuerpo."[5] A diferencia del Movimiento de la Iglesia en las Casas, los que están en la iglesia celular están comprometidos con la célula y la celebración. Hay un porcentaje muy alto de asistencia colectiva en la célula y la celebración.

Las iglesias celulares enfatizan los componentes de la célula. La evangelización de la célula se cumple como un grupo y la meta es la multiplicación rápida. Debido a la multiplicación rápida existe la urgencia de equipar y entrenar nuevos líderes continuamente.

Otras características de la iglesia celular incluyen un fuerte control administrativo (la solicitud de informes, el modelo Jetro), pocos programas aparte de las células, y un liderazgo activo e involucrado del pastor principal y de otros miembros del personal.

Modelo Meta

Este modelo fue introducido en el primer libro de Carl George dedicado al ministerio celular, "Prepare Your Church for the Future" (Prepare Su Iglesia para el Futuro). El Modelo Meta es una adaptación del Modelo de la Iglesia

Celular para la iglesia norteamericana y en sus orígenes seguía el modelo del ministerio de los pequeños grupos en la Iglesia de la Comunidad Nueva Esperanza en Portland, Oregon.

George argumenta que el ministerio de los grupos pequeños ha funcionado tan eficazmente en las iglesias grandes y crecientes, que debería adaptarse para funcionar en iglesias de cualquier tamaño, en cualquier parte del mundo. Él explica que nuestros modelos actuales del ministerio de la iglesia no proporcionan suficiente cuidado de calidad como para sostener una iglesia en crecimiento.[6] La fuerza y la claridad de este enfoque está en el grupo celular que enfatiza tanto el cuidado pastoral como la evangelización.[7]

El libro "Prepare Your Church for the Future" (Prepare Su Iglesia para el Futuro) impactó a la iglesia norteamericana tan poderosamente porque George escribe con una terminología norteamericana actualizada para hablar de los conceptos de la célula que han funcionado tan bien en ultramar. No existe ninguna duda que George está estableciendo un nuevo modelo de ministerio para la iglesia en EEUU y alrededor del mundo.

En su libro del año 1994, "The Coming Church Revolution" (La Próxima Revolución de la Iglesia), George parece redefinir lo que ha dado en llamar su Modelo Meta. Allí habla acerca de una manera de analizar a las iglesias:

> El pensamiento Meta-Iglesia examina el grado en que una iglesia ha sido 'celularizada', y en que sus líderes están vinculados. ... Intenta discernir el grado en que los líderes de grupo están realmente reuniendo a las personas, y el grado en que los entrenadores están realmente trabajando con los líderes de grupos. La Meta-iglesia, entonces,... es una Radiografía para ayudarle a ver lo que tiene para darse cuenta qué está faltando.[8]

En otras palabras, en lugar de promover un cierto modelo, George dice que está proveyendo a la iglesia una manera de discernir la participación de los pequeños grupos y cómo, (o si,) se están acercando a una forma más pura de un grupo celular. George insiste a lo largo de su libro que la forma Meta es simplemente una manera de ver lo que usted ya tiene (una máquina de Rayos X).

En su definición de un grupo pequeño George incluye: las clases de la Escuela Dominical, los equipos del ministerio, los equipos de evangelización, los equipos para la adoración, los equipos deportivos, los grupos de recuperación, y otros. Escribe lo siguiente: "... en cualquier oportunidad cuando dieciséis personas o menos se reúnen, usted tiene una reunión de un grupo pequeño." [9] Refiriéndose a las Escuelas Dominicales dice: "La frase 'grupos celulares' se refiere a un sistema de cuidado global que incluye la Escuela Dominical. Una Escuela Dominical es simplemente un sistema celular centralizado y en el edificio. Las iglesias deben tener tantas Escuelas Dominicales como ellos puedan."[10] Comentando sobre el Modelo Meta, David Limiero escribe: "La clave para entender el modelo de George está en reconocer que en su iglesia ya tiene grupos pequeños. Estos grupos podrían ser las clases de la Escuela Dominical, el coro, los ancianos, las juntas, los círculos femeninos, etc."[11]

Yo estudié seis iglesias principales caracterizadas por el Modelo Meta [12] y descubrí los siguientes modelos.

Variedad de Grupos

Está muy claro que una variedad de grupos es una de las características más comunes de estas iglesias Meta. Siguiendo la enseñanza de George, estas iglesias ofrecen una plétora de grupos pequeños. De hecho, casi cualquier clase de grupo pequeño es considerada aceptable: matrimonios con más de 50, los grupos de teatro, los grupos para cortar el césped, los que cuidan el parque de estacionamiento, los que visitan a los enfermos de cáncer, los grupos deportivos, los grupos de los Veteranos del Vietnam, y otros. Normalmente estos diferentes grupos pueden dividirse en categorías por sus tipos específicos o propósitos, aunque ciertos Modelos Meta son tan variados que son difíciles de clasificar.[13] Los tres tipos de grupos que más frecuentemente surgen en las Iglesias Meta son:

Clase de grupo	Enfocado en
Los grupos de tareas	Un ministerio particular
Los grupos de comunión	El cuidado mutuo
Los grupos de discipulado	El crecimiento espiritual

Los Grupos de tareas, por ejemplo, son los grupos pequeños "prácticos" en la Iglesia Comunidad Willow Creek.[14] Estos grupos se reúnen para lograr algún programa del ministerio de la iglesia (por ej., como ujieres, contando el dinero, etc.), pero al mismo tiempo son designados para incluir elementos espirituales tales como el estudio de la Biblia y la oración.

Flexibilidad

El liderazgo en estas iglesias Meta enfatiza el valor de la flexibilidad. La libertad de elección es altamente estimado enfatizado, y los líderes principales tienen cuidado de no ejercer demasiada presión para conformar. Esta flexibilidad se puede ver en por lo menos tres áreas principales:

1. Las reuniones se pueden celebrar en cualquier día y en cualquier lugar. Muchos grupos pequeños en Willow Creek llegan a la iglesia 90 minutos antes del comienzo de su actividad en la iglesia y se reúnen en sus grupos.

2. Los líderes son libres para escoger su propio material. La Iglesia de la Comunidad Saddleback da completa libertad en esto, mientras que Willow Creek sólo pide que los líderes obtengan sus materiales de la librería de la iglesia.

3. La multiplicación parece ser un ideal deseado en el sistema Meta, pero no es obligatorio. De nuevo, el énfasis fuerte en la libertad de elección evita cualquier tipo de presión para la multiplicación de los grupos. Una miembro del personal en la Iglesia Saddleback compartió que algunos de los grupos pequeños se han estado reuniendo durante 10 años.[15] La mayor parte de la evangelización es cumplida a través de los cultos de celebración, y los grupos pequeños son una manera de cuidar a los Cristianos nuevos. Algunos grupos siguen indefinidamente, mientras que otros pueden durar unas semanas. Nuevamente, depende del propósito del grupo o de la visión del líder.

El Modelo Jetro

Estos seis Modelos Meta mayores de las iglesias ejercen un control administrativo sobre sus grupos pequeños a través de un sistema Jetro flojamente relacionado. El "Modelo Jetro" se refiere al consejo que Jetro le dio a Moisés en Éxodo 18. Todos los líderes de células tienen ante quien él o ella son responsables. Esa persona (llamada de varias maneras) es asignada para velar por no más de cinco líderes de células. Sobre el líder de cinco hay otro líder ante quien el líder de cinco es responsable, y el proceso continúa.

¿Cuántas veces debe visitar el líder superior a los que están bajo su responsabilidad? De nuevo, la palabra de moda que surgía a menudo era "flexibilidad". Por ejemplo, en la Iglesia de la Comunidad Saddleback, los pastores no ordenados de distrito son alentados a visitar a los líderes de las células cada tres meses.

Cada una de estas iglesias también emplea algún tipo de entrenamiento continuado para los líderes, pero los sistemas son flexibles y cambiantes. Willow Creek intentó recoger a los entrenadores (los líderes de cinco líderes de grupos pequeños) todos los meses. La Cincinnati Vineyard y la Alianza de Fairhaven mantuvieron una reunión de liderazgo mensual pero hallaron que era muy difícil de entrenar una variedad tan grande de líderes celulares.

El Modelo Serendipity

El defensor principal del Modelo Serendipity es Lyman Coleman cuya editorial es un recurso clave para el material para los grupos pequeños en EEUU.[16] Este modelo de los grupos pequeños puede funcionar dentro o fuera de la iglesia. En este modelo, los grupos pequeños se reúnen durante un tiempo, luego se separan y forman nuevos grupos. Esto promueve los grupos abiertos en los que las personas nuevas pueden entrar en cualquier momento.

Coleman estaba influenciado especialmente por Sam Shoemaker, el pastor de la Iglesia Episcopal Calvario en la ciudad de Nueva York. Shoemaker creía que todas las personas alrededor de su iglesia eran su parroquia. Su iglesia creció en su visión de alcanzar toda la parroquia, y esta visión influyó grandemente en Coleman.[17]

Este modelo se entiende mejor por las características que lo distinguen de los otros modelos:

1. Integrado. Hay un lugar para todos los distintos tipos de grupos en la iglesia. Este modelo también puede incluir la tradicional Escuela Dominical, donde las personas que ya están involucradas pueden hallar un lugar donde y recibir cuidados. Dentro de las posibilidades de los grupos pequeños Coleman menciona las reuniones de la junta, el coro, el grupo de los acomodadores, los grupos para el cuidado de otros, y los grupos de deportes. En este aspecto, se parece al Modelo Meta.

2. Sistema colegiado. Este forma es similar al viejo sistema de la Escuela Dominical en que hay un alejamiento definido cuando se sale

de una clase y se entra en otra. "Este modelo tiene una estructura de dos semestres, con 'arranques iniciales' dos veces por año y el cierre al final de cada semestre. Hay también una celebración/graduación al final del año."[18]

3. Principio y fin definidos. Aunque los primeros modelos de Coleman consistieron en períodos de tiempo más cortos, él ahora sugiere un año. Él dice: "El fin está marcado por un período de liberación donde todos responden a su nueva profesión."[19]

Un ejemplo reciente de este modelo es la Iglesia Nueva Vida en Colorado Springs, Colorado (Ted Haggard, pastor principal). Los grupos pequeños en esta iglesia, llamados "las Células del Mercado Libre," duran un semestre y luego los miembros tienen la opción de seguir o encontrar otra célula.[20]

En el modelo Serendipity, la multiplicación del pequeño grupo se menciona como una posibilidad. Coleman, sin embargo, cree que el Modelo Meta enfatiza demasiado la multiplicación. Él menciona que una multiplicación tan rápida interrumpe el proceso de la edificación del grupo por la acción de "separar las células para crear nuevas células."[21]

Modelo Del Pacto

Roberta Hestenes[22] es la portavoz principal para el Modelo del Pacto que promueve principalmente el crecimiento espiritual entre los creyentes. Hestenes define este modelo de la siguiente manera: "Un grupo cristiano es una reunión intencional cara a cara de 3 a 12 personas en un encuentro regular con el propósito común de descubrir y crecer en las posibilidades de la vida abundante en Cristo."[23]

Éstos son grupos cerrados de cristianos que se reúnen para la mutua edificación. Al principio de cada grupo, se hace un pacto que establece las reglas del grupo. El "pacto" se refiere a los compromisos o promesas que se establecieron en el Antiguo Testamento entre Dios y Su pueblo. El grupo hace un compromiso (o pacto) de cumplir ciertas metas, propósitos, estudio de temas, reglas básicas, y detalles logísticos concretos.[24]

Los grupos normalmente no se multiplican en este modelo, y una de las metas principales es la de crear una comunidad a largo plazo. Estos grupos requieren un fuerte compromiso y un alto nivel de responsabilidad hacia otros.[25] Aunque este modelo es fuerte en cuanto a la responsabilidad y compromiso cristianos, Coleman hace una observación sabia: "Los que no asisten a la iglesia, los que no son cristianos no estarían interesados en este tipo de grupo. No hay ningún mecanismo integrado en el sistema para que los grupos del pacto se multipliquen, o para terminar con honor. Frecuentemente, los grupos del Pacto duran hasta que mueren de una muerte horrible."[26]

Defina sus grupos pequeños con precisión

Los modelos anteriores demuestran cómo algunos definen los grupos pequeños como algo que es pequeño y es un grupo. El pensamiento subyacente es: "Que se les dé a la gente todas las variedades posibles." Para estos maestros, un grupo pequeño podría ser una reunión de diáconos, un club de personas que montan a caballo, un grupo que tiene el ministerio de visitar las cárceles, un grupo del coro, y la lista podría seguir indefinidamente. La variedad de grupos pequeños podría ser sobrecogedora.

Ahora, definamos lo que es un grupo celular: *Grupos Pequeños (3-15) se reúnen semanalmente fuera del edificio para evangelizar, tener compañerismo y crecer espiritualmente con la meta de hacer discípulos quienes hacen otros discípulos que resulta en la multiplicación.* En virtud de esta definición, estos grupos pequeños están claramente identificados con una iglesia. *Se espera que los que asisten a los grupos celulares asistan a la celebración de la iglesia también.*

Estoy convencido que no todos los grupos pequeños son un grupo celular. Un grupo celular incluye ciertos elementos. Tome, por ejemplo, los elementos de la célula necesarios según el Centro de Oración Mundial Betania: crecimiento en la relación con Dios; crecimiento en las relaciones entre sí; crecimiento en número, multiplicación, y alcanzar el mundo con el Evangelio de Jesucristo.[27] Betania no trata de identificar todo como un grupo celular. Si un grupo pequeño en Betania no incluye el crecimiento espiritual y la evangelización, no es considerado un grupo celular. La célula es definida por sus características y no porque es pequeño o porque es un grupo.[28] De nuevo, los tres elementos principales de todos los grupos celulares son: la búsqueda de Dios (adoración, oración, la lección), el desarrollo de las relaciones entre sí (rompehielo, ministerio mutuo, tiempo de refrigerio), y la evangelización de los que no son cristianos (evangelización de amistades, actividades especiales de la célula, la multiplicación).

Si su grupo pequeño no incluye los elementos de la edificación espiritual y la evangelización (con la meta de la multiplicación), sea honesto y no diga que es un grupo celular. Si es una clase de Escuela Dominical, ¡llámelo así! Si es un grupo del coro, llámelo un grupo del coro.

Yo he observado un efecto adverso en el sistema basado en la célula cuando todos los grupos pequeños son incluidos en el sistema celular y a todos se les da la misma prioridad. Esta mentalidad abarata la visión de la célula diciendo que una reunión del pequeño grupo de acomodadores en la iglesia tiene la misma prioridad que un grupo celular en los hogares. De hecho, las dos son completamente distintas por las circunstancias y el propósito de estas reuniones. La carencia del control de calidad en esta forma de interpretarla debilita todo el sistema.

Yo vacilo, por ejemplo, en llamar el equipo de adoración como un grupo celular porque se reúne para un propósito particular y los extraños no son bienvenidos. Lo mismo es válido para la junta de la iglesia. Una junta de la iglesia, ¿puede evangelizar e invitar a las personas nuevas? Por supuesto que no. Con respecto a un equipo deportivo, ¿cuánta comunión espiritual puede haber entre ellos? No hay nada de malo con la Escuela Dominical, pero no digamos que es un "sistema celular en la iglesia." La Escuela Dominical puede tener un papel vital en la enseñanza en la iglesia, pero no la llamemos como algo que no es.

Nuestro pastor principal insiste regularmente que todos en la iglesia asistan a un grupo celular semanal para recibir el cuidado personal y aprender cómo alcanzar a sus vecinos incrédulos. Él sabe que ellos pueden recibir a través del cuidado pastoral del grupo lo que no pueden recibir en el culto de adoración. Y los grupos celulares están abiertos para recibir a las personas que oyen dicho anuncio el domingo por la mañana.

Sin embargo, ¿cómo podrán recibir las personas el cuidado pastoral meramente uniéndose a un equipo de deportes que se reúne por un tiempo, o asistiendo a una clase de Escuela Dominical que se reúne durante un semestre para estudiar un tema académico, o estando en una comisión que se podrá reunir durante un mes? Dichas reuniones son importantes y tienen su lugar, pero no cumplen los propósitos de un grupo celular. Si una persona se une a un pequeño grupo que no es una célula, esa persona no tendrá una guía pastoral y a menudo se sentirá incómoda con la idea de invitar a sus amigos incrédulos. Los pastores no pueden estar seguros de que los propósitos de Dios se están cumpliendo en la vida de sus miembros a través de dichos grupos.

Las iglesias celulares se concentran en los componentes o características del grupo pequeño y catalogan como "células" los grupos que encajan con las normas establecidas – es decir, pequeños grupos de personas que se reúnen con el propósito de edificarse mutuamente y evangelizar con la meta de formar nuevos grupos.

Cómo es una reunión de un grupo celular

Muchas reuniones celulares, incluyendo el que yo dirijo, siguen un formato similar. A continuación describiré cómo es una "típica" reunión celular del jueves a la noche en mi casa.

Empezamos con un rompehielos (la parte donde se le da la BIENVENIDA a los que vienen a la reunión). Comenzamos nuestro encuentro semanal con algo similar a esto: "Si alguien le fuera a hacer una pregunta que garantiza que le hará hablar, ¿cuál sería esa pregunta?" El propósito es romper el hielo literalmente, facilitar que las personas se comuniquen entre sí. Siempre damos la bienvenida a las personas nuevas y a los que no son creyentes todavía.

Luego buscamos al Señor con un tiempo de alabanza y oración (ADORACIÓN). Todos los presentes reciben una hoja con las canciones. A veces yo escojo las canciones, y a veces yo pido que lo haga otra persona (es una oportunidad de conseguir que otros se involucren en la fase de la "planificación"). Hay mucha flexibilidad. Lo que importa es que entremos en la presencia de Jesucristo.

Luego sigue la lección celular (LA PALABRA) que debe ser estimulante y con la participación de todos. Mi papel es ser el facilitador del grupo, no un maestro de la Biblia. El líder de la célula tiene éxito cuando todos los miembros aplican el pasaje bíblico a sus propias vidas. Mi lección para la célula está basada en lo que el pastor predicó el domingo anterior, y los líderes reciben la lección antes de cada sermón. Durante la lección celular, Dios aplica Su Palabra a las necesidades específicas de los que están en el grupo. Después de la lección, compartimos pedidos de oración específicos y oramos los unos por los otros. A menudo imponemos las manos sobre alguien que se siente muy mal.

Luego impartimos la visión para la evangelización (TESTIMONIO/ OBRAS) a los que están presentes. Por ejemplo, yo podría decir: "¿A quién piensa invitar usted la semana que viene, Miguel?" o, "Recordemos de orar por Pablo que va a dirigir el próximo grupo celular hija" o, "Recuerden que cada uno de ustedes estará dirigiendo un grupo celular en el futuro, ¡así que empiecen el proceso de entrenamiento!" Podríamos discutir cómo nosotros como una célula podemos recoger comida por los que están sufriendo los terribles efectos del "Niño".

Nuestra reunión celular no dura más que 90 minutos y termina con un tiempo de refrigerio. Algunos se quedan una hora más, pero otros necesitan irse enseguida. Algunos de los tiempos de ministerio más poderosos ocurren después que termina la reunión del grupo celular, en el resplandor de la presencia de Dios.

Las células son flexibles pero consistentes. Algunas células, por ejemplo, pueden ser más "sensibles en la búsqueda" (de los que no conocen a Dios) que otras. Demasiados cantos y oraciones no serían apropiados en dichas reuniones. Nosotros tenemos muchos grupos celulares, por ejemplo, que se reúnen en las universidades. Nuestros líderes intencionalmente tratan de mantener un nivel que sea apropiado para ese contexto, ya que el propósito principal es evangelístico. Sin embargo, incluso en estos grupos los componentes de conocer a Dios y la edificación de las relaciones están presentes.

No existen dos células que sean exactamente iguales pero cada una mantiene los mismos componentes: la búsqueda de Dios (adoración, oración y la lección), las relaciones en vías de desarrollo entre las personas (el rompehielo, ministrando los unos a los otros y el tiempo de refrigerio), y la evangelización de los que no son creyentes (evangelizando a las amistades, actividades especiales de la célula y la multiplicación). Estos componentes permiten que las células sean flexibles para ser eficaces, y que al mismo tiempo puedan lograr sus metas.

No cierre las células artificialmente

El Modelo Serendipity enfatiza un principio y un punto final. Muchas iglesias hoy día siguen este modelo y abren y cierran sus grupos pequeños todos los semestres o al fin del año, dependiendo del sistema. La razón es dar a las personas la libertad de "salir" y "entrar" en el grupo.

Las células, sin embargo, representan la verdadera comunidad y no debe programarse para que duren solamente por un tiempo. Las células no son como una clase o un estudio bíblico que dura un semestre. Detener y arrancar el "tren" para permitir que las personas "salgan fácilmente" perjudica la meta de la comunidad a largo plazo. Es verdad, los grupos pequeños tienden a protegerse. La comunión del grupo celular puede fácilmente convertirse en "koinonitis" (una enfermedad de la iglesia). Pero las células evitan este problema enfocando en la evangelización y multiplicación. La multiplicación de un grupo celular asegura el flujo constante de vida nueva.

Desarrolle un sistema fuerte

Haciendo que todos los miembros de la iglesia se reúnan en pequeños grupos semanales no es suficiente, aun cuando sean grupos celulares como los que se describen en este capítulo. Los grupos celulares necesitan un sistema de apoyo. Sin la capacitación apropiada, el apoyo pastoral, la visión del pastor principal, la fuerza de la oración, el apoyo para el trabajo con los niños, y la enseñanza y la adoración semanal, hay demasiada presión en los hombros del líder de la célula. Las iglesias celulares eficaces proporcionan la ayuda necesaria para sostener al líder de la célula durante largo tiempo. Vuelvo a reiterar: Los sistemas celulares fuertes producen grupos celulares saludables. El propósito de este libro es ayudarle a desarrollar una iglesia creciente a través de un sistema celular que sostendrá y cuidará sus grupos pequeños durante un tiempo largo. Los capítulos siguientes proporcionan pistas para ayudarle a organizar su sistema celular para obtener los máximos resultados.

Capítulo Ocho

Concéntrese en una cosa

Recién egresado del seminario bíblico en 1982, llegué a ser el pastor de la juventud en la Iglesia de la Alianza en Long Beach (California). Asistía a todas las reuniones, me ofrecía para realizar muchas actividades y esperaba impresionar a todos con mi disposición para servir.

Durante una reunión de la junta, yo dije (fuera de costumbre): "Estaría contento de asumir ese nuevo ministerio." Yo pensé: "Estoy seguro que saltarán ante esta oportunidad de usarme." Después de algunas respuestas favorables, un miembro de la junta altamente respetado, Faith Rouse, me tiró un lance, diciéndome: "Joel, nosotros apreciamos su buena disposición para ayudar en tantas áreas, pero recuerde que usted no debe involucrarse con un ministerio nuevo a menos que esté dispuesto a eliminar algunas de sus responsabilidades actuales." Mi asentimiento con la cabeza daba la impresión que yo había entendido, pero interiormente me esforzaba por entender el significado de su comentario.

Mi buena amiga Faith Rouse, una obrera cristiana madura, entiende la naturaleza humana, y a mí en particular: Muchas personas tienden a ofrecerse voluntariamente para un nuevo servicio antes de contar el costo de sus responsabilidades actuales. Ella observó mi tendencia a dividir mi tiempo y mis talentos en una variada agitación de actividades pero entendió la necesidad que yo me concentrase en "esta única cosa." Ayudándome a hacer unas pocas - y sólo unas pocas - cosas bien, ella estaba estimulándome hacia el éxito.

Concéntrese en "esta única cosa"

Nadie puede hacer bien todo. Por consiguiente, un trabajo bien hecho requiere concentración deliberada. Esto es verdad de las iglesias también. Las iglesias exitosas no pueden ser todas las cosas a todas las personas. Los analistas del iglecrecimiento han aclamado esto durante mucho tiempo. Barna, en su libro *"User Friendly Churches"* (Iglesias Amistosas para el Usuario), distingue a las iglesias crecientes por su capacidad de dar prioridad y su habilidad para rechazar aquello que los desvía de su filosofía. Barna dice:

> Hablando con los pastores de algunas iglesias en decadencia, un elemento común era su deseo de satisfacer a todos haciendo algo por ellos. Ellos habían entrado en un agujero negro estratégico de crear un ministerio que parecía importante en el papel, pero no tenía la capacidad de realización. A pesar de sus intenciones dignas, intentaban ser de tanta ayuda a todo el mundo que terminaron por no ser de ayuda a nadie.[1]

Recuerde que la gran frase repetida en todas las iglesias celulares exitosas es "el ministerio celular es la columna vertebral de nuestra iglesia." La visión que es transmitida de los líderes a los miembros es que uno debe pertenecer a un grupo celular para recibir cuidado pastoral, porque las células son la misma vida de la iglesia. Si su ministerio celular es un programa más en medio de la actividad interminable de la iglesia, seguramente va a fallar. Usted no podrá concentrarse en "esta única cosa." Demasiados intereses lo cargarán excesivamente. Usted no querrá comenzar el ministerio celular sólo para archivarlo después, porque pronto perderá su eficacia.

Con el propósito de plantar células de una manera diferente en la Iglesia de la República (la iglesia hija), cavamos profundamente y pusimos un fundamento celular fuerte. Todo estaba centrado en el ministerio celular. Pusimos el ministerio en las manos del personal en lugar de una sola persona. Lo protegimos contra una multitud de programas, dándole la oportunidad para crecer y prosperar. En este ambiente sin competencias las células crecieron exponencialmente: En tan sólo quince meses después de llegar a ser una iglesia celular, el número de grupos subió como un cohete de 21 a 117 con un esfuerzo sorprendentemente pequeño. ¿Le está dando usted al ministerio celular en su iglesia la oportunidad para crecer? ¿Es éste el ministerio más importante de su iglesia?

El ministerio celular proporciona a la iglesia de una nueva plataforma operativa que sirve como una base sólida para todas sus actividades. A través del sistema celular una iglesia puede pastorear, evangelizar, hacer un seguimiento de los recién convertidos, proporcionar ujieres, bautizar, entrenar, educar, cuidar los hijos de los ministros, etc.

Una iglesia con células vs. una iglesia celular

¿Cuál es la diferencia entre una iglesia celular y una iglesia con células? Una iglesia celular se organiza alrededor del ministerio celular. En una iglesia con células, las células son un ministerio entre muchos. Todos los otros ministerios funcionan como programas separados pero se supone que existen armoniosamente con los grupos pequeños. Una persona típicamente encabeza el ministerio celular, mientras otros pastores atienden sus ministerios. Una iglesia con células podría enfatizar la importancia del ministerio celular, pero no es el ministerio principal.

Las iglesias celulares tienen dos ministerios importantes: la célula y la celebración. El ministerio celular proporciona el cuidado pastoral, la evangelización, la consejería, el seguimiento y todas las demás actividades importantes. La estructura orgánica central está basada en el ministerio celular.

La importancia de decir: 'no'

Aprender a decir "no" es un principio importante en la iglesia celular. Un millón de programas bienintencionados golpearán, incluso insistirán, en la puerta de su iglesia, pero ahogarán su ministerio celular. "No" es una palabra bendita en la iglesia celular. Si usted no aprende a decir "no," el sistema de su iglesia celular empezará a decaer.

Las personas que tratan de ayudar dirán a menudo: "Este programa fortalecerá nuestro ministerio celular haciendo mejores líderes celulares." Sea cauto con estos argumentos. En un sentido, todos los programas en el mercado podrían tener algún beneficio a largo plazo para algunos líderes celulares. Pero por el otro lado, estos programas alejan a los líderes de su enfoque primario y requieren mucho tiempo extra. Por lo general sólo benefician indirectamente al líder de la célula.

No agregue programas con la esperanza que podrían beneficiar el ministerio celular a la larga. Billy Hornsby de Betania dice: "Hay muchas ideas buenas que queremos agregar a las células para ayudarlos a tener éxito. Estos agregados sencillamente no son necesarios. Más bien, terminarán siendo una "sobrecarga" tan grande a los grupos celulares que matará un grupo celular tras otro, junto con sus líderes."[2]

Admito que después que la filosofía de la iglesia celular se implementa bien, se pueden agregar otros ministerios: los ministerios de la radio y televisión, por ejemplo. Éstos no compiten con las células porque todo el personal entiende dónde encajan. Muchas de las iglesias celulares mundiales excelentes han llegado a este punto. Ellos y otros saben exactamente donde están parados. Su iglesia celular puede alcanzar este punto algún día. Pero para llegar allí, usted debe aprender a decir "no."

La mayoría de las iglesias están acostumbradas al estilo tradicional del ministerio con programas, así que decir "no" es especialmente vital en las primeras fases de la plantación o transición. Hasta que el ministerio de la iglesia celular sea un estilo de vida, tenga sumo cuidado de agregar programas. Poner una moratoria en los programas nuevos durante un cierto tiempo es un movimiento sabio para muchos que están haciendo la transición hacia la modalidad celular. Dígale a las personas que usted necesita establecer la filosofía celular como un estilo de vida en la iglesia.

Compárelo a plantar un nuevo jardín. Usted le da tiempo a las semillas para crecer quitando los yuyos que impiden las plantas nuevas, y debe proporcionarles suficiente agua y luz del sol. Cuando usted planta la filosofía de la iglesia celular, debe proteger esta planta nueva de los yuyos dañinos de los programas de la iglesia y actividades que compiten y que finalmente la ahogarán.

No mirar atrás

En cuanto estén establecidos y estén funcionando los grupos celulares, los líderes tienden a volver rápidamente atrás a la mentalidad que está basada en los programas. "Después de todo," alguien dirá, "este programa nuevo ayudará el ministerio celular en el futuro." Yo digo de estas reacciones que "la rodilla programática da tirones." Prepárese para enfrentarlos. Es posible que no aparezcan durante años, pero finalmente aparecerán.

Muy sutilmente, alguien en la iglesia desea agregar un programa nuevo de evangelización, una organización paraeclesiástica, un programa social, y la lista sigue y sigue. Aunque ninguno de éstos son malos, llegan a ser un problema cuando distraen la atención y los recursos de lo principal, el ministerio de la iglesia celular.

Por ejemplo, una iglesia en Chile adoptó los Encuentros Matrimoniales con gran efectividad y llegó a ser el modelo de ese programa para América Latina. La organización de mi misión decidió enviar varios pastores nacionales a Chile para que ellos pudieran dominar este modelo y así poder implementarlo en sus iglesias. La misión ofreció enviar a nuestro pastor; yo puse mis objeciones. No tengo nada contra el programa. En realidad, Dios nos transformó a mi esposa y a mí en un Encuentro Matrimonial en 1989. Yo puse mis objeciones por el simple principio de la concentración.

Nosotros como iglesia no habíamos aprendido a hacer "una cosa" bien. Estábamos empezando nuestra transición hacia la iglesia celular y una vez más enfrentábamos el peligro de agregar una actividad sin comprender que esto agotaría la fuerza de nuestro sistema celular. Los recursos sólo se pueden estirar hasta cierto punto, así que hay que velar y concentrarse en esta única cosa. Hágase estas preguntas: ¿El nuevo programa o actividad beneficiará directamente el ministerio celular o agotará sus recursos preciosos? ¿Se puede lograr en y a través de la filosofía de iglesia celular? Si cualquiera de las respuestas es no, entonces diga "no."

Integre todo

Cualquier programa en su iglesia debe ser escudriñado con estas preguntas: ¿Cuadra con el sistema operativo de la iglesia? ¿Está integrado? ¿Se liga con la filosofía celular? Hornsby de Betania da el siguiente consejo: "Cuando alguien plantea una idea en la reunión del personal, o cuando un miembro de la iglesia tiene una idea para empezar algún tipo de ministerio, pregúnteles y pregúntese a sí mismo: "¿Está suficientemente relacionado con los grupos celulares? [3] ¿Esto requiere de líderes que funcionen fuera del ministerio de los grupos celulares?" ¿Compite con el ministerio del grupo celular para obtener los líderes?

¿Quién dirige el ministerio celular?

Los pastores titulares normalmente promueven los grupos pero luego delegan el funcionamiento del ministerio de los grupos pequeños a otra persona del personal. Cuando yo empecé un ministerio celular bajo el pastor principal, mi área de responsabilidad era el "ministerio celular." Todo lo que tenía que ver con el ministerio celular estaba bajo mi autoridad. A veces las responsabilidades de otro pastor se mezclaban con las mías, pero no todo el tiempo.

Este trato automáticamente asigna al ministerio celular el status de "un programa entre muchos." Usted podría objetar y decir: "Nuestro ministerio celular es importante aunque nosotros tenemos un director!" No lo dudo en absoluto. Cuando la persona a cargo del ministerio celular es alguien diferente al pastor principal, esto relega el ministerio celular a un ministerio entre muchos otros. El hecho que el pastor principal esté directamente involucrado es una de las diferencias importantes entre una iglesia con células y una iglesia celular. En la iglesia celular, el pastor principal es el ministro celular. Ése es su trabajo principal. En una iglesia con células, el pastor principal delega a menudo el ministerio de los grupos pequeños a otra persona, igual como haría con cualquier otro ministerio.

No estoy diciendo que una transición de la iglesia al modelo celular cambiará todas las posiciones del personal instantáneamente. Re-diseñando rápidamente los trabajos de todos podría causar problemas. Realmente, si su iglesia está realizando la transición al modelo celular, podría designar a una determinada persona para trabajar con el pastor principal durante un cierto tiempo. En el futuro, sin embargo, el pastor principal debe encargarse del ministerio celular; no debe delegar este rol a otra persona.

Conclusión

La incomodidad que yo sentía acerca del comentario de Faith Rouse hace mucho que se ha ido, pero el consejo de mi amiga permanece. Cuánto quisiera recordarlo más a menudo. Recientemente, dije "sí" para supervisar un ministerio porque pensé que debía hacerlo. Yo pensé: "Después de todo, es demasiado tarde para retroceder; estoy obligado a hacerlo." Durante semanas esa decisión oscureció mi enfoque, me daba pena, y me costó mucho trabajo extraordinario. Líder cristiano, debe aprender a concentrarse en el ministerio celular. Lo bueno que golpea a su puerta es a menudo el enemigo de lo mejor que Dios tiene para usted. La palabra "no" es una palabra bendita. Aprenda a amarla y a usarla a menudo.

Capítulo Nueve

Haga sonar la trompeta

No será que David Cho es un poco dogmático cuando insiste que el pastor principal es la clave al ministerio celular?" yo me preguntaba. "Sí, el papel del pastor principal es importante en el ministerio celular, pero no tan importante." En ese momento, yo había leído los escritos de Cho, escritas hacía más de 18 años: "El pastor (principal) debe ser la persona clave involucrada. Sin el pastor, el sistema no se mantendrá unido. Es un sistema, y un sistema debe tener un punto de control. El factor de control en los grupos celulares en los hogares es el pastor."[1] ¿Es realmente tan importante?

El pastor principal debe dirigir el avance

Tres razones me instan ahora a decir "amén" al consejo de Cho. Primero, yo comencé un ministerio celular que en el futuro se estancó y quedó desenvuelto en el estante polvoriento de la actividad de la iglesia. Segundo, yo visité las iglesias más grandes del mundo. En tercer lugar, realicé la transición de una iglesia a la iglesia celular.

El ministerio celular en la iglesia El Batán era mi bebé. Yo empecé y lo seguí. Dios me usó para llevar el ministerio de cinco células en 1992 a 51 en 1994. Cuando me fui para plantar otra iglesia, el ministerio celular tambaleó y finalmente cayó. Usted notará que he usado "me" y "yo." Éste era el problema - demasiado de MÍ. En otras palabras el pastor principal ni comenzó ni sostuvo la visión celular. De este modo él demoró para establecer un ministerio celular en el corazón de la iglesia. Después de mi partida, los grupos pequeños de esa iglesia volvieron al estado de tener que esperar su turno en la larga fila de otros programas dinámicos. Esa experiencia refuerza la aseveración de Cho que el ministerio celular proviene de la visión y los sueños del pastor principal y no de otra persona.

Mi paradigma cambió de nuevo mientras analizaba las iglesias celulares más grandes alrededor del mundo. Cada una de estas iglesias tenía un director celular: el pastor principal. El sistema celular fluía de su autoridad, y las personas se sometían voluntariamente y lo seguían como su líder. Estos pastores principales tuvieron la visión de miles de personas ganadas para Cristo por medio de sus sistemas celulares. Ellos aprendieron a concentrarse en esta "sola cosa" y celosamente defendieron su firme visión. César Castellanos, el pastor principal del MCI de Bogotá, es enfático sobre este asunto:

> "La visión de la iglesia celular es excitante. No se desvíe de ella. Una iglesia celular debe tener una visión. Usted debe tener sólo una visión. Ame la visión de la iglesia celular. Ame los grupos celulares."[2]

Dichos sueños contagiosos encienden los corazones hambrientos. A los pastores principales les gusta que Mario Vega, Larry Stockstill y David Cho demuestren que el pastor principal es crucial para el éxito a largo plazo del ministerio celular de cualquier iglesia. Ellos son los líderes principales del ministerio celular.

Todos los miembros del personal en estas iglesias celulares exitosas están organizados en torno del ministerio celular. Los pastores celulares sirven bajo el pastor principal y tienen un enfoque común: las células. En raras oportunidades se pone un pastor que no sea el pastor principal para dirigir el ministerio celular. Todo el personal pastoral está sobre el ministerio celular y bajo el pastor principal. En este arreglo crucial, el pastor principal debe cumplir el papel de ministro celular.

El tercer factor, y quizás el factor más influyente era que personalmente realicé la transición de una iglesia al modelo celular. Esta vez, Dios me guió a enfocar el ministerio celular de una manera apropiada y con el corazón correcto. En lugar de insistir en el título "ministro celular" (¡que otros habrían dado con todo gusto!), llegué a ser simplemente uno de los siete directores celulares. Cada uno de nosotros tenía voz y voto. Cada uno tenía la misma autoridad, con la notoria excepción del ministro celular, el pastor principal.

Fui testigo de primera mano que ese cambio profundo y a largo plazo reside con el pastor principal. Sólo él podía decir eficazmente "no" a las actividades innumerables que nos confrontaban. La congregación esperaba en él para descifrar si la filosofía de la iglesia celular era una novedad de paso o un elemento permanente en la iglesia. Sin su trabajo para dar forma a los valores y principios de la iglesia celular, ciertamente nos habríamos marchitado.

Características de los pastores de la iglesia celular

Probablemente quede bien claro ahora como un hecho indiscutible que el pastor principal es el "ministro celular" en la iglesia celular. Él establece la dirección y dirige el avance. En las iglesias más grandes del mundo, el pastor principal recibió y llevó adelante en forma personal la visión de la iglesia celular. Sin embargo, estos pastores comparten otras características que vale la pena tener en cuenta. Ellos son hombres de oración, con una pasión para alcanzar a los perdidos, visionarios, personalmente involucrados en el ministerio celular, y deseosos de delegar.

Carga de oración

Todos los pastores principales son hombres de oración. Viven y respiran una vida de oración, siendo de este modo un modelo para la congregación de la importancia de la oración. Antes de la predicación de David Cho, él se pasa de dos a tres horas en oración.[3] La primera vez que lo escuché, el poder del Espíritu Santo fluyó innegablemente a través de él, y otras ocasiones subsecuentes han sido similares. La iglesia más grande en la historia del cristianismo es una iglesia que ora porque su pastor principal es el modelo de la oración persistente.[4] Cho pasa toda la noche en el Monte de Oración y, a través de su ejemplo, la oración es el estilo de vida aceptado en la IPEY.

Pasión para alcanzar a la ciudad para Cristo

Cada uno de estos hombres salió para conquistar una ciudad para Cristo, no sólo para hacer crecer una iglesia. Sus metas de igle-crecimiento finales incluían cientos de miles de personas. Estos pastores creen que su tarea para alcanzar un mundo para Jesucristo era y sigue siendo urgente. Intencionalmente hacen planes y persiguen el crecimiento numérico. No dudan en fijar metas cuantificables para su ministerio celular. Sin embargo la sola motivación para el crecimiento es el estado de esas almas que viven sin Cristo. Estos pastores no debaten el "juego de los números" ni intentan construir sus propios reinos. Buscan a los perdidos estrictamente por razones eternas.

Visión y sueños

Los pastores principales en las iglesias celulares más grandes disfrutan de una tremenda autoridad porque se esmeran en captar, articular e implementar los sueños y las visiones que Dios les ha dado. Los miembros de las iglesias más grandes demuestran gran respeto y sumisión hacia sus pastores porque saben que estos hombres escuchan a Dios. La fuerza y la solidez de la visión pastoral hacen que las congregaciones sientan que son parte de una obra mayor que ellos mismos, y que Dios Mismo ha hablado a sus pastores. Dale Galloway dice lo siguiente:

> No importa quién introduce el ministerio de los grupos pequeños en una iglesia, ese ministerio sólo llegará hasta donde llega la visión del pastor principal con respecto al mismo. La gente observará al pastor principal para ver si el ministerio de los grupos pequeños es importante para él o para ella, porque lo que es importante para el pastor principal es importante para la gente.[5]

Los pastores de las dos iglesias celulares más grandes en América Latina discuten abiertamente la importancia de los grandes sueños y libremente usan a David Yonggi Cho como ejemplo. Éstas son las palabras de Cho: "Cuando miro hacia atrás a mi propio ministerio, Dios primero puso visiones y sueños en mi corazón, luego esas visiones y sueños desarrollaron fe en mi alma. Por medio de esa fe, Dios logró grandes ministerios."[6] Cho da vueltas "embarazado" con sus visiones y sueños. Pero él también enseña a los pastores a su cargo que tengan grandes sueños. Cho le pide a cada líder celular que capture la visión de Dios para su grupo y que luego ponga por escrito esa visión. Usando esas hojas de papel, él dirige a los líderes que luego miren y vivan en sus visiones.[7] Cho solicita que sus pastores de distrito que suban al Monte de oración y Ayuno Internacional para orar y fijar metas de crecimiento para sus distritos.[8]

Los pastores principales deben crear el ambiente para el éxito en la iglesia celular lanzando y reiterando constantemente la visión. Esto ocurre principalmente en el entrenamiento continuo, pero también debe ser declarado en los anuncios, en el sermón y las ceremonias donde se da un reconocimiento público a los grupos celulares que multiplican.

Involucrados personalmente en el ministerio celular

Los pastores eficaces están profundamente involucrados en el ministerio celular. Mario Vega, el pastor principal en la Iglesia de Elim, es totalmente comprometido al sistema celular. Mario entiende que este manera de estar involucrado personalmente lo mantiene en contacto con la vida de la iglesia celular. Él también sabe que establecer el modelo personal para esa tarea es un imperativo para los que están sirviendo bajo él.

Encontré una excepción a este nivel de participación personal del pastor principal. En esta única iglesia, el pastor delegaba el ministerio celular a un director y está "disponible" en cuanto es llamado. Anoté en el momento: "Algo no está exactamente bien en este asunto." Las cifras recientes muestran que las células de la iglesia se han estancado, permaneciendo con las mismas cantidades durante los últimos dos años.

Comisión

Los pastores eficaces de la iglesia celular saben delegar. Son rancheros, por excelencia, que confían en los que están bajo ellos para llevar a cabo el trabajo del ministerio. Ellos ni siquiera intentan pastorear todas las ovejas. Más bien, se concentran en pastorear a los que a su vez pastorean la grey. David Cho es un ejemplo excelente de un ranchero. Él escribe:

> Mi trabajo no consiste en ir visitando casa por casa y ganar las almas individualmente. Mi trabajo es supervisar el Sistema Celular. Yo delego mi ministerio totalmente a mis colegas y a mis líderes celulares. Mi trabajo consiste en dirigir la institución de entrenamiento, y el programa de entrenamiento.[9]

Cho delega su responsabilidad a su pueblo no ordenado. Él cree en el sacerdocio de todos los creyentes, sean hombres o mujeres. Bajo su liderazgo, Yoido ha crecido a más de 725,000 miembros y más de 25,000 grupos celulares.

Muchos en los Estados Unidos piensan por qué el movimiento de la iglesia celular no ha florecido rápidamente en EE.UU. como en Corea. El Pastor Larry Kreider, fundador de la Comunidad Cristiana Internacional DOVE le preguntó a Cho acerca de su parecer con respecto a este problema. Cho respondió sin dudar: "El problema aquí en América es que los pastores no están dispuestos a soltar a su gente (no-ordenada) para el ministerio." [10] Cho se refiere a la vacilación de los líderes pastorales en EE.UU. para delegar la autoridad pastoral a sus líderes celulares y aprendices.

Conclusión

Mientras dirijo los seminarios celulares, a veces encuentro personas no-ordenadas que se entusiasman tanto con el modelo celular que quieren convertir toda la iglesia a la filosofía celular, sin tener en cuenta si el pastor principal está de acuerdo, o no. Aunque podemos aplaudir este tipo de entusiasmo y celo, debemos explicar rápidamente las consecuencias de seguir adelante sin el liderazgo del pastor principal. Un cambio duradero requiere que haya un hombre puntual. Como dice Cho: "... un sistema debe tener un punto de control. El factor de control en los grupos celulares en los hogares es el pastor."[11] Sin él no sólo a bordo sino de hecho dirigiendo el avance, el ministerio celular de una iglesia se hundirá. No empiece su transición hacia la iglesia celular a menos que su pastor principal esté dirigiendo el avance.

Capítulo Dies

Desarrolle un sistema de apoyo

Las iglesias celulares crecen exponencialmente proveyendo un cuidado muy cercano para cada líder. Ellos confían en un sistema de apoyo que ofrece la guía a cada nivel de liderazgo. Todos son supervisados, pastoreados y también son responsables ante otros. En algunas iglesias celulares, los líderes son establecidos sobre los distritos, zonas o áreas geográficas de la ciudad. Otros supervisan a sus líderes por medio de los departamentos homogéneos.

¿Está preguntándose qué tipo de sistema de supervisión y apoyo dará a sus células? ¿Y además, cómo funciona prácticamente este sistema?

Unas palabras de consejo: No complique demasiado su sistema de supervisión y apoyo. Aprenda los principios de los mejores sistemas de apoyo alrededor del mundo, y entonces aplique dichos principios a su situación. No se sofoque con una estructura demasiado complicada. Aprenda y aplique el principio KISS: *"Keep It Simple, Stupid!"* (¡Manténgalo Simple, Estúpido!)[1]

Agregue al principio KISS la creatividad que Dios le ha dado. Algunos líderes que carecen de inventiva saltan de un modelo celular a otro. No caiga en esa trampa. Cada iglesia empieza en un punto diferente. ¿Está usted realizando una transición? Necesita adaptar su sistema celular teniendo esto en cuenta. ¿Está plantando una nueva iglesia? Use sólo la estructura adecuada para ocuparse de sus necesidades.

Necesidad de un sistema de apoyo

Por qué no se olvida de un sistema de supervisión y apoyo y simplemente se concentra en las células? Por dos razones:

Primero, usted debe cuidar de sus líderes. Póngalo de otra manera: Usted debe ministrar a sus ministros si ellos van a seguir ministrando. Jetro le aconsejó a Moisés que se reorganizara porque finalmente su sistema "desgastaría a las personas" (Ex. 18:18). Moisés como un hombre haciendo todo solo no podría ministrar a todos, lo que significa que algunos finalmente pagarían las consecuencias. Desarrollar un sistema de apoyo le ayudará a la larga a cuidar a sus líderes. Larry Stockstill describe la motivación que tiene para su sistema de apoyo: "Nuestra preocupación es que absolutamente toda nuestra gente sea bien pastoreada y que sepamos quién es responsable por ellos en el caso de una crisis."[2]

Segundo, usted debe velar por sus líderes. Pablo urgió a los ancianos de Éfeso:

> Por tanto, mirad por vosotros y por todo el rebaño en que el Espíritu santo os ha puesto por obispos para apacentar la iglesia del Señor, la cual él ganó por su propia sangre, porque yo sé que después de mi partida entrarán en medio de vosotros lobos rapaces que no perdonarán al rebaño. Y de entre vosotros mismos se levantarán hombres que hablarán cosas perversas para arrastrar tras sí discípulos. Por tanto, velad, acordándoos que por tres años, de noche y de día, no he cesado de amonestar con lágrimas a cada uno. (Hechos 20:28-31)

Una de las primeras preguntas que invariablemente se realizan durante un seminario celular tiene que ver con el "peligro" de permitir que tantas personas no ordenadas ministren a otros. ¿Qué hay acerca de las doctrinas erróneas y las divisiones? No ponga a un lado esta pregunta porque es una preocupación real para muchas personas. Pero un sistema celular sólido cubre esta necesidad proporcionando control y supervisión. Su sistema celular lo protegerá a Ud., su ministerio y su gente.

Dónde debe cuidar a su gente

¿Debe organizar sus células geográficamente o en grupos según su afinidad natural? Las divisiones geográficas caracterizaron las iglesias celulares durante años, pero esto está cambiando. La nueva ola de pensamiento para las células da énfasis a las agrupaciones homogéneas. Realmente, la mayoría de los sistemas para el cuidado usan una combinación de ambas.

Cuando la Iglesia de la República decidió ser una iglesia celular, ya teníamos varios grupos familiares localizados en diferentes partes de la ciudad. ¿Cómo distribuiríamos estos grupos entre los pastores? Decidimos tomar un mapa, localizamos los grupos familiares en él, y ubicamos a los pastores sobre cada zona geográfica. La geografía nos dio un punto de arranque y simplificó nuestro trabajo. Desde entonces, hemos hecho la transición gradualmente hacia las categorías homogéneas, incluyendo las células de mujeres, las células de los niños, de los hombres, profesionales jóvenes, de los angloparlantes, y otras más. Las células dentro de las categorías homogéneas tienen la libertad para multiplicar en toda la ciudad, sin tener en cuenta las zonas geográficas.

Recuerde que la estructura existe para servirlo y no al revés; por consiguiente, hágalo tan simple como sea posible. Si usted tiene 10 células y dos personas en el personal, considere dividir su zona en dos sectores anchos, uno para cada miembro del personal. De nuevo, la creatividad lo servirá bien.

Nuevamente, no complique demasiado la estructura de la célula. Si usted tiene cuatro células familiares en su iglesia, empiece con esta agrupación homogénea. Cuando usted forme las células juveniles, entonces agregará otra categoría. Use los grupos celulares homogéneos siempre que sea posible, porque las personas se sienten más cómodas naturalmente con sus semejantes. A los jóvenes les gustan las células juveniles; los profesionales jóvenes disfrutan las células de los profesionales jóvenes; las mujeres se relacionan mejor con las mujeres, los hombres con los hombres, y las familias con las familias.

Modelos de apoyo populares

El Modelo 5x5

Esta es la estructura de apoyo "clásica" inventada por David Cho, para las iglesias celulares alrededor del mundo. Este sistema jerárquico de liderazgo en la que todos se someten a una autoridad superior, se llama a menudo el Modelo Jetro. Está basado en el consejo que Jetro le dio a su yerno Moisés:

> Además escoge tú de entre todo el pueblo a hombres virtuosos, temerosos de Dios, hombres veraces, que aborrezcan la avaricia, y ponlos sobre el pueblo como jefes de mil, de cien, de cincuenta y de diez. Ellos juzgarán al pueblo en todo tiempo; todo asunto grave lo traerán a ti, y ellos juzgarán todo asunto pequeño. Así se aliviará tu carga, pues ellos la llevarán contigo (Ex. 18:21-22).

Células de Hombres	Células de Mujeres	Células de Parejas	Células de Jóvenes	Células de Adolescentes	Células de Niños
2.300	4.500	1.200	6.500	3.000	150

La Iglesia Elim en San Salvador, El Salvador, sigue este modelo (vea el apéndice), y la organización principal del Centro de Oración Mundial Betania también lo imita. Existen algunos otros ejemplos de estructuras 5x5 totalmente desarrolladas en los Estados Unidos, como son la Iglesia y Ministerios Cornerstone en Harrisonburg, VA; la Iglesia Bautista Colonial Hills en Southhaven, MS; y la Iglesia Shady Grove en Grand Prairie, TX.

Bajo este sistema, un supervisor cuida a cinco líderes celulares; un pastor de zona dirige a 25 líderes celulares; y un pastor de distrito dirige a aproximadamente 125 líderes celulares. Una zona tiene un promedio de aproximadamente 250 personas en 25 células, y un distrito tiene alrededor de 1,250 personas en 125 cells.[5]

Carl George, intentando popularizar este modelo, le dio el nombre de X (según el número romano) al líder celular sobre 10 personas; el nombre L para un supervisor sobre cinco grupos celulares, o sea, 50 personas; y D para un líder de un nivel superior sobre 50 grupos celulares, o sea, 500 personas. Evite estos nombres. Requieren de incesantes explicaciones y tornan impersonal dicha posición. Llámelos líderes celulares en lugar de ponerles el nombre X, supervisor en lugar de decir L, y director o pastor de zona en lugar de D. Diga lo que usted quiere decir, y no tendrá que dar otras explicaciones después.

El sistema 5x5 funciona dentro de los límites geográficos. Podría tener, por ejemplo, una Zona Sur, una Zona Oriental, etc. En el caso de Betania, las células fueron formadas por códigos según su Código Postal. De este modo, las personas eran asignadas a las células cuyos miembros viven en la misma zona general.

Cuando las células multiplican en la estructura 5x5, la organización geográfica se expande.

- Si una iglesia empieza con tres células en una zona de la ciudad, y esos tres multiplican a cinco, un supervisor es puesto sobre los cinco líderes celulares.

- Cuando esos cinco multiplican a 10, otro supervisor se agrega y la zona es dividida en dos sectores geográficos (norte y sur, por ejemplo).
- Cuando la zona crece a cinco sectores con un supervisor sobre cada sector, un pastor de zona se nombra sobre esos cinco sectores.
- Cuando una iglesia alcanza a cinco zonas, nombrará un pastor de distrito.

Vea cómo la multiplicación de las células continúa expandiendo la estructura geográfica 5x5. La Iglesia Elim, por ejemplo, empezó en 1985 sin ningún control geográfico estricto para los grupos celulares. Cuando los grupos multiplicaron, Elim agregó zonas y finalmente dos distritos. La expansión natural continuó y en 1996 Elim incluyó ocho distritos completos con zonas y sectores. Esto plantea otro recordatorio importante: *No extienda la estructura en forma prematura. Aumente la estructura sólo cuando sea necesario.*

Mientras el sistema crece en la estructura 5x5, desarrolle continuamente el liderazgo superior. Ralph Neighbour, hijo, dice sabiamente: "A medida que aumentan las células, se torna obligatoria la instalación de los Supervisores de Zona. Si la proporción de cinco células para un Supervisor de Zona no se mantiene, la falta de mentores y de supervisión puede causar serios problemas." [6] Los sistemas fuertes producen líderes celulares fuertes y, por lo mismo, grupos celulares eficaces. Todos los líderes necesitan cuidado, entrenamiento y supervisión.

Un beneficio importante del modelo 5x5 es que los líderes nuevos vienen desde adentro de la iglesia. Los líderes celulares exitosos pasan a los puestos de supervisión y luego a los puestos de trabajo pastoral de tiempo completo.

Las mayores desventajas de este modelo conciernen el proceso de la multiplicación de las células. Los vínculos estrechos entre los miembros de la célula son cortados cuando el grupo multiplica. La célula nueva pasa a estar bajo la jurisdicción del supervisor de la zona, no del líder celular original. Un pastor confesó que es difícil dar nacimiento a los nuevos grupos porque el nuevo líder celular pierde sus lazos con la célula madre durante la multiplicación. Él cree que el líder de la célula original debe dirigir la nueva célula, así que está cambiando al modelo G-12 (comentado después).

Otra desventaja en el modelo geográfico 5x5 es que la célula sólo puede multiplicar dentro de los confines de su zona geográfica. Si un grupo está listo para multiplicar y el nuevo líder vive en una zona diferente, él o ella estarían obligados a estar bajo la supervisión de otro líder de zona. Neighbour dice:

> La estructura 5x5 pura lo realiza por medio de las células geográficas, que intentan alcanzar a los que viven en un distrito. La dificultad con una estructura geográfica es que las personas no tienen a menudo ningún contacto natural con sus vecinos y finalmente quedan sin contactos oikos que puedan ser alcanzados. El modelo 5x5 también requiere una separación de las relaciones de funcionamiento por los miembros cuando se forman las nuevas células.[7]

La Estructura G-12.3

En Ecuador en la Iglesia de la República, después de trabajar para resolver los problemas que enfrentábamos, desarrollamos el concepto de G-12.3. G-12.3 no es un modelo fijo que necesita ser seguido de una manera rígida e inflexible. Está basado en principios que se adaptan a diferentes situaciones (en mi libro *De Doce a Tres* hablo mucho más de esta estructura).

En la estructura de G-12.3 un pastor de jornada completa supervisa hasta doce líderes celulares, mientras que un líder no ordenado puede ocuparse del cuidado de tres líderes de las células hijas y continúa dirigiendo un grupo celular abierto.

El número tres es un número más realista y manejable que les da a los voluntarios no ordenados una meta factible: multiplicar la célula original tres veces y cuidar a cada uno de esos líderes mientras sigue dirigiendo la célula original.

El G-12.3 simplemente reduce la carga de los líderes no ordenados a tres. Steven L. Ogne, plantador de iglesias y consultoren adiestramiento, dice:

> La mayoría de los sistemas ideales que se describen en los seminarios de grupos pequeños en estos días dicen que la proporción debe ser de uno a cinco o incluso de uno a diez. Le diré algo: en mi experiencia en nuestra sociedad tan ocupada, los adiestradores son mucho más eficaces cuando están adiestrando de uno a tres líderes de grupos. Esto realmente les permite visitar los grupos. Realmente les permite tener bastante tiempo para

construir la relación, y reduce la presión sobre ellos... Busque las conexiones que funcionan, no un hermoso organigrama.[8]

Aunque el número tres es importante en la Biblia, reunir a tres líderes celulares en un G-3 no abre la puerta a una bendición especial. Los pastores podrían, de hecho, decidir pedirles a los líderes no ordenados que cuiden cinco líderes celulares. O se podrían sentir guiados a desarrollar un sistema de G-10.5 (los pastores del personal cuidan diez líderes celulares mientras los líderes no ordenados cuidan a cinco líderes para la multiplicación). La estructura G-12.3 está basado en los principios, construido sobre las observaciones de un espacio realista de cuidado entre los líderes no ordenados y los líderes de la multiplicación.

¿Qué sucede si una persona no ordenada quiere cuidar más de tres líderes? Mi contestación a esta pregunta es: «¡Qué bendito problema!» Si un líder no ordenado quiere seguir dirigiendo su propia célula y continuar multiplicando más allá de tres líderes, anímelo diciendo: «¡Dale con todo!» Si un líder no ordenado dice: «Ya multipliqué mi célula tres veces y estoy cuidando esos líderes, pero tengo planes de multiplicar mi célula de nuevo y quiero supervisarlo también», anímelo a seguir adelante.

El número tres reduce la meta del entrenamiento a proporciones razonables. No tiene el propósito de ser un chaleco de fuerza legalista para un líder celular fructífero. Al contrario, está pensado para dar una esperanza práctica de que quizás sea posible cumplir la meta de multiplicar tres veces y algún día incluso de superarla.

Escogiendo entre las alternativas

No se pierda en el bosque de los sistemas de apoyo celular. Manténgalo sencillo y sólo agregue más estructura cuan
do sea necesario. *Recuerde el principio básico: el cuidado de la calidad para cada nivel de liderazgo.* Los sistemas fuertes producen grupos celulares eficaces.

También recuerde que debe ser creativo. La Iglesia de la República, por ejemplo, usa una mezcla de los modelos 5x5 y G-12.3. Empezamos con las zonas geográficas, hicimos la transición a los grupos homogéneos, y estamos implementando los principios G-12.3. Varias iglesias mantienen sus distinciones geográficas mientras implementan el modelo G-12.3. Estudie los modelos cuidadosamente (hay más información en el apéndice) y aplique los principios en su contexto.

Dios no quiere que usted copie el modelo de Ecuador o el modelo coreano. Él tiene algo especial para usted en su contexto. Quizá usted creará el próximo Modelo G-7. Si usted vive en Los Ángeles, ¡las personas podrían llamarlo el Modelo de Los Angeles! ¡O el Modelo de Chicago! Él le ha dado el poder de creatividad y quiere que usted lo use.

Capítulo Once

Establezca nuevos líderes

George Whitefield y Juan Wesley eran contemporáneos en el siglo XVII en Inglaterra. Los dos se dedicaron a la obra de Dios en el mismo grupo pequeño (Club Santo) en la Universidad de Oxford. Ambos eran excelentes predicadores al aire libre. Ambos fueron testigos de miles de conversiones a través de sus ministerios. Sin embargo Juan Wesley dejó atrás una iglesia de 100,000 miembros, mientras George Whitefield apenas podía mostrar un pequeño grupo de personas como fruto al final de su ministerio. ¿La diferencia? Wesley se dedicó a entrenar y a liberar líderes de pequeños grupos, mientras que Whitefield se ocupó en predicar y hacer la obra del ministerio. El éxito en la iglesia celular está muy claro: ¿Cuántos líderes han sido ubicados, entrenados y desplegados?

Nuevas oportunidades para el liderazgo

Cuando nuestra iglesia atravesaba un conflicto, Carolyn, una de las líderes celulares, se fue en forma abrupta. Ni siquiera mis ruegos lograron convencerla que se quedara. Cuando la iglesia empezó a sanar, yo estaba agradecido que ella había dejado a alguien encargado de su grupo, pero empecé a dudar igualmente de la longevidad de Alicia. "¿Lo logrará Alicia como líder?" Yo me preguntaba en silencio. "Ella es tan tímida y modesta. ¿Querrá ella, al igual que Carolina, irse en el futuro?"

No sólo se quedó Alicia, sino que, 18 meses después, ella es una de mis mejores líderes. Constantemente la pongo como ejemplo de una líder celular ejemplar sobre un grupo celular ejemplar. Su pequeño grupo raramente tiene menos de 15 personas, y ella ha multiplicado el grupo tres veces. Su grupo de "profesionales jóvenes" la respeta como su líder y se reúnen casi todas las semanas para las actividades sociales aparte de la reunión celular.

Alicia es una ministro no ordenada ejemplar. Como hijos de la Reforma, creemos que cada persona es un ministro. La Biblia enseña que todos nosotros somos sacerdotes (Apoc.1:6). Pablo escribe en Efesios 4:11,12 que el papel principal del pastor es preparar a las personas para hacer la obra del ministerio, no hacer todo el ministerio él mismo. Los pastores sobresalen a menudo en la enseñanza de la Palabra de Dios a las personas. Infinitamente más difícil, sin embargo, es soltar a las personas para hacer realmente la obra del ministerio.

Las responsabilidades del ministerio en su iglesia, ¿está reservada exclusivamente para los pastores de la iglesia y su personal? O por el contrario, ¿es cada persona - de hecho y no sólo de palabra – considerado verdaderamente un ministro?

El ministerio celular presenta lo que es quizás la oportunidad más excelente para que cada persona cumpla su papel como ministro. Se les permite a los líderes de los pequeños grupos ministrar, pastorear, aconsejar, visitar, evangelizar y ejercer su liderazgo. De esta manera, los líderes cumplen el trabajo del ministerio de una manera muy práctica. Yo estoy de acuerdo con Carl George cuando dice: "Estoy convencido que los no ordenados toman el ministerio de los pequeños grupos tan en serio que ellos prefieren estar a cargo de un grupo pequeño antes que cualquier otro ministerio en la iglesia."[1]

Fije su meta:
Todos son discipulos quienes hacen a otros discipulos

Muchos se preguntan si sólo ciertas personas "excepcionales" pueden dirigir un grupo celular con éxito. Hay dos escuelas de pensamiento aquí:

- Si sólo ciertas personas pueden dirigir los grupos pequeños, estas personas excepcionales son invitadas a asistir a un curso extra sólo para ellos y los demás serán puestos en otro curso de entrenamiento. Esta es la norma en la mayoría de las iglesias.
- Si todos son discípulos, todo el sistema de entrenamiento de la iglesia se preparará para movilizar a todos los miembros para ministrar en los grupos.

Las iglesias celulares exitosas practican la segunda opción. Es verdad, no todos en estas iglesias celulares *dirigirán finalmente* un grupo, por varias razones. Pero tan pronto un sistema de pequeños grupos acepta el pensamiento que sólo ciertas personas *pueden* dirigir un grupo, esa iglesia está muy limitada. Las personas sentirán que no tienen los dones y la personalidad de "fulano." Aunque probablemente no tengan los mismos dones y personalidad como otra persona, las investigaciones muestran que esas diferencias no afectan su éxito en el liderazgo de la célula.

Mis estudios estadísticos de más de 700 líderes de pequeños grupos revelan que la multiplicación de los grupos no está vinculada con los dones del líder, su personalidad, educación, etc. Más bien, sus logros tienen todo que ver con su esfuerzo (oración por el grupo, visitar los miembros, establecer las metas y otras características señaladas en mi libro ya publicado: *Explosión de los Grupos Celulares en los Hogares*). Ya que esos aspectos del liderazgo de la célula que determinan el nivel de su éxito se pueden controlar, cualquiera puede ser un líder celular con éxito. Entonces, ¿no deberían las iglesias ver a cada miembro como un líder potencial? Declarar que todas las personas son líderes cristianos potenciales asegura a los miembros que la iglesia está dispuesta a nutrir y edificarlos para ser las personas que Dios quería cuando los creó.

El Centro de Oración Mundial Betania ha adoptado una visión similar. Los nuevos convertidos siguen cuatro niveles de entrenamiento con los ojos puestos en el premio de llegar a ser un líder de un grupo celular o parte de un equipo. Los nuevos convertidos saben desde el Primer Día cómo crecer en Betania. Como la meta es muy clara, los convertidos tienen más posibilidades de perseverar a través de las pruebas, las tentaciones y los compromisos de tiempo extra asociados con la unión a la familia de la iglesia y aprender a ser como Cristo.

Capacitando a las personas para el ministerio

Las Escrituras nos aseguran que el Espíritu Santo desea conformarnos a la imagen de Jesucristo (Rom. 8:29). Esto es un proceso de toda la vida. Ningún curso de entrenamiento logra lo que sólo el Espíritu Santo es capaz de hacer en nuestras vidas. Igualmente, Pablo le dice a Timoteo que medite en la Palabra inspirada e inerrante de Dios para ser "enteramente preparado para toda buena obra." Esto también es un proceso.

Muchas iglesias tradicionalmente amontonan a todos sus miembros de iglesia en un sistema generalizado de educación (las clases bíblicas, Escuela Dominical, etc.). La esperanza es que ciertos individuos muestren niveles mayores de interés y finalmente lleguen a ser líderes. Mientras que las intenciones son excelentes, demasiadas personas se quedan en el camino. No hay ninguna manera fácil para seguir el rastro del progreso de los que pasan por este tipo de sistema. Un gran número de candidatos se pierde en el camino. Perderse en la maquinaria educativa es una falla que se repite en este uso de la "educación general" para el entrenamiento de líderes.

Como una alternativa más eficaz, las iglesias celulares exitosas desarrollan una senda de capacitación. Una "senda" simplemente es un camino claramente definido de entrenamiento específico que discipula a un nuevo creyente en la verdad de Dios y lo prepara para dirigir un grupo celular. Este adoctrinamiento en los fundamentos prepara al creyente nuevo a vivir una vida abundante y victoriosa, lo nutre a través de un proceso de maduración y lo lleva adelante al liderazgo de una célula por medio de un entrenamiento de liderazgo intensivo. Muchas sendas de capacitación tienen dos etapas: el primero para los creyentes nuevos, y el segundo que enfoca estrictamente en la preparación para el liderazgo.

Los cristianos recién nacidos necesitan que otros cristianos más maduros les enseñen el ABC – que les den el alimento básico servido - cómo sus valores mundanos contradicen los del reino de Dios. Ellos necesitan que se les guíe para ordenar sus valores y prioridades y alinearlos con los de Dios. Deben entender la enseñanza básica de la Palabra de Dios, cómo usar sus dones espirituales, hacer frente (guerra) contra el enemigo, y recibir sanidad interior por las heridas del pasado. La oración y el tiempo devocional con el Señor también deben llegar a ser prioridades. Un creyente nuevo no puede seguir adelante en el entrenamiento para el liderazgo sin dominar estos fundamentos.

La mayoría de las iglesias celulares empiezan el proceso de entrenamiento dentro de la célula. En el sistema de entrenamiento de TOUCH Outreach Ministries, por ejemplo, *"El Equipo de Llegada"* informa al nuevo creyente:

> Su Grupo Celular será servido por una persona que busca atender a sus necesidades de una manera especial. Algún día, cuando usted haya madurado, usted también podrá pastorear a otros como un Líder Celular. Nunca habrá más de quince personas en su célula familiar, y usted descubrirá pronto que cada miembro está en un viaje espiritual con usted.[2]

Esto refuerza el hecho que el entrenamiento para el nuevo creyente y el estar involucrado en un grupo celular ocurren simultáneamente. La semilla acerca del liderazgo celular también se planta muy temprano en el proceso.

En el ambiente celular, los miembros reciben entrenamiento hasta que llegan a estar plenamente involucrados en la participación en el grupo. Dado que la reunión de la célula es un terreno para el entrenamiento para los nuevos líderes, cada "aprendiz de líder" debe participar. Las personas aprenden en el proceso de hacer, estando involucrados. Por ejemplo, Marga puede dirigir la adoración, o Jaime puede presentar y dirigir el rompehielos. Las personas también aprenden mejor tomando pasos sucesivos; es decir, la realización exitosa de una tarea más pequeña les da confianza para realizar una tarea mayor. Empiece por pedir que la persona haga algo específico: leer las Escrituras, orar u organizar el tiempo de refrigerio. Finalmente, el líder potencial facilitará la lección (la Palabra).

Ejemplos de sendas de capacitación realizables

Una de las claves para una senda de capacitación floreciente es que sea «realizable». Esta palabra conlleva un comienzo y un final definido, y significa aquí que cada persona en la iglesia debe saber exactamente cuál es ese camino. Las sendas de capacitación realizables pueden ser clara y fácilmente explicados.

La capacitación que he desarrollado consiste en cinco libros de capacitación conjuntos: *Vive, Encuentro, Crece, Comparte, Dirige.*

Vive: Con este libro una persona puede hallar a Cristo y crecer en la fe. El primer capítulo, "Encuentro con Dios," explica cómo tener una relación personal con Jesús. Los siguientes capítulos capacitan al creyente para vivir una emocionante relación con Jesús. Este libro explica cómo orar, cómo leer la Biblia, recibir libertad espiritual, y administrar los recursos de Dios.

Encuentro: Este libro es un recurso para alguien que está atado por hábitos pecaminosos o que simplemente necesita vivir una vida abundante. Explica cómo recibir la llenura del Espíritu Santo y después andar en el poder del Espíritu. Al final del libro hay una sección para ayudar al asesor para guiar a una o más personas a través de los contenidos de este libro.

Crece: Este libro explica cómo tener diariamente un tiempo devocional para conocer a Cristo más íntimamente y crecer en madurez. Este

libro esta llena de ayuda práctica para que el tiempo devocional puede ser la parte más importante en la vida de un creyente.

Comparte: Este libro ofrece una visión práctica para ayudar a un creyente a establecer contactos con los que no son cristianos, y después darle un plan para compartir el evangelio con ellos. Este libro estimula a un creyente para seguir en los pasos de Cristo, llegando a ser un verdadero amigo de los que no son creyentes.

Dirige: Este libro resalta las dinámicas de los grupos pequeños que equiparán al líder para escuchar, hacer preguntas buenas, crear la sensibilidad, tratar con los conversadores, e incluso usar los dones espirituales. Este libro le muestra a un líder potencial cómo desarrollar a los nuevos líderes al continuar el proceso del discipulado.

TOUCH Outreach Ministeries explica su sistema de capacitación usando una vía de ferrocarril, y los discípulos avanzan através del Año de Capacitación pasando por distintas «estaciones». Mirando la vía, cada líder potencial conoce la senda de capacitación. Cada recurso está organizado en varias guías de autoestudio diario. Los primeros ayudan a los miembros de la célula a comprender un nuevo grupo de valores (seis meses). Luego los miembros son conducidos a los principios detrás de la evangelización correlativa y aprenden a cosechar a los incrédulos que son fáciles de alcanzar, y luego a los que no son tan receptivos al Evangelio.[3]

Se necesita una preparación más avanzada antes que alguien realmente llegue a dirigir su propio grupo celular. TOUCH Outreach ha desarrollado el entrenamiento para futuros líderes celulares que incluye un retiro de un fin de semana introductorio seguido por ocho sesiones semanales de entrenamiento.

Los que toman su liderazgo celular en serio y multiplican continuamente sus grupos celulares a menudo son elevados a posiciones más altas de liderazgo (pastores, líderes de distrito, líderes de zona, supervisores, líderes celulares y administración). Este es el modelo en las iglesias celulares principales al nivel mundial. Estas iglesias buscan en sus propias congregaciones para llenar las posiciones de liderazgo superior. Por supuesto, todos los líderes pasan por los cauces típicos de la experiencia ministerial, el éxito ministerial y el entrenamiento para el liderazgo dentro de la iglesia antes de ser llevados a puestos más altos.

Proporcione oportunidades para el servicio

Las sendas de capacitación eficaces preparan a un Cristiano para vivir una vida de ministerio. Pero la senda no está completa a menos que ofrezca una salida eficaz para el servicio cristiano. Recuerde que el papel principal del pastor es entrenar a las personas no ordenadas para hacer la obra del ministerio (Efesios 4:12). Aquí es donde falla la mayoría de los sistemas educativos.

A continuación hay un ejemplo extremo, pero real, citado por Carl George. Una iglesia en Texas solicita a cada voluntario que asista a 435 horas de clases de instrucción formal antes de ser certificado como un ministro no ordenado. Al final de dicho entrenamiento la persona puede escoger entre los siguientes ministerios: ayudante en el parque de estacionamiento, ujier/acomodador, o participante en las actividades periódicas al aire libre.5 Es verdad, la mayoría de las iglesias ofrecen muchas otras posibilidades para el ministerio. Pero esas posibilidades, ¿le permiten al nuevo obrero cristiano pastorear, evangelizar, visitar, aconsejar, preparar las lecciones y guiar a otras personas? ¿O, una vez más, están éstas reservadas exclusivamente para el personal de la iglesia?

Las iglesias celulares exitosas no saben nada de confusiones y niebla con respecto al entrenamiento para el liderazgo. La senda es clara, y muchos se embarcan en el entrenamiento realizable para los futuros líderes celulares.

Conclusión

Las sendas de capacitación exitosas son claras y realizables, y encajan impecablemente dentro de la estructura celular. Las iglesias celulares más eficaces diseñan su entrenamiento para que se relacione con la estructura de la célula. No es un departamento separado con una administración diferente. El sistema de entrenamiento y el ministerio celular encajan como un guante. Los ineficaces pierden a menudo al líder potencial a través de un laberinto confuso de interminables requisitos.

El desarrollo de los líderes y el entrenamiento finalmente formarán o romperán un ministerio celular. Si bien la multiplicación celular es la motivación principal del ministerio celular, la meta principal es el desarrollo de los líderes. Esta es una parte tan importante de la iglesia celular que estoy escribiendo un libro aparte para tratar plenamente este asunto.

Capítulo Doce

Afine los detalles

Estoy asombrado por el tiempo y el cuidado que mi esposa, Celyce, consagra a crear la atmósfera en nuestra casa. Esto fue algo notorio, especialmente después de nuestra última mudanza. Ella pasó varios días mejorando la sala, buscando la ubicación de los muebles y colocando los arreglos florales. Pasó muchas horas haciendo adornos para todas las paredes. Decorar la casa es una prioridad para mi esposa porque es una extensión de su personalidad, de su carácter. Celyce cree que el aspecto físico es importante, y quiere que los visitantes sientan el calor y el amor cuando entran en nuestra casa.

La apariencia también importa en la iglesia celular. Lo que las personas ven cuando entran en el edificio de una iglesia refleja las prioridades de esa iglesia. Algunos podrían argumentar: "Nosotros somos una iglesia espiritual; la apariencia física no importa." Es verdad que la vida de una iglesia celular no es su apariencia física, su organigrama o su presupuesto. Pero la vida de la iglesia se refleja en dichas cosas.

Por ejemplo, Dios llamó a Israel en la antigüedad para poseer físicamente la tierra para demostrar su vocación santa como el pueblo escogido de Dios. Dios no sólo les prometió que ellos serían Su pueblo, sino que también prometió darles una tierra específica. La identidad del pueblo de Dios estaba centrada en Dios mismo, pero en segundo lugar estaba relacionada con la tierra de Palestina.

De una manera similar, las iglesias celulares declaran quiénes son por su estructura física. Después de todo, si el ministerio celular es importante, se reflejará en la estructura de la oficina, el organigrama, la publicidad y el presupuesto. Las iglesias celulares están organizadas con la célula en el centro de su trabajo y ministerio. Las iglesias celulares tienen la oportunidad de declarar continuamente a los que entran en sus edificios que el ministerio celular está en el corazón de sus actividades.

A lo largo de este libro, el ambiente de la casa se aclama como una llave a la efectividad de la iglesia celular. Pero este libro trata sobre el sistema de la iglesia celular, y las iglesias celulares exitosas poseen sistemas celulares fuertes. Ellos cavan profundamente y ponen un fundamento duradero que incluye el edificio de la iglesia.

La estructura de la oficina

Las oficinas celulares son una declaración pública y continua a todo aquel que entra en el edificio que ésta es de hecho una iglesia celular. Sin que medie palabra alguna, la existencia de las oficinas está diciendo: "Nos hemos comprometido a seguir este camino. Si usted quiere recibir cuidado pastoral aquí, usted tendrá que ser parte de nuestra filosofía de la iglesia celular." Las estructuras físicas, tales como las oficinas celulares, refuerzan los nuevos paradigmas mientras las personas se adaptan al cambio. Sabemos que los cambios toman tiempo, y realizar la transición al modelo celular toma más tiempo que lo que cree la mayoría de las personas. Cuando ellos ven los cambios físicos, esto les ayudará a aceptar el cambio de filosofía.

Separar un espacio en la oficina para las células logrará muy poco a menos que la iglesia reorganice su personal pastoral para supervisar los grupos celulares. Las iglesias celulares dinámicas invariablemente reorganizan su personal pastoral, pero no se detienen allí. Cada una hace una proclamación pública a través de sus oficinas celulares que es de hecho una iglesia celular.

Los miembros del personal necesitan el espacio apropiado donde aconsejar a los miembros de las células, entrenar los nuevos líderes, planificar las visitas, compilar y someter las estadísticas, preparar las lecciones para las células y hacer llamadas telefónicas. Las oficinas celulares en las iglesias celulares más grandes literalmente bullen con excitación.

Oficinas de la iglesia celular

En la mayoría de las iglesias celulares más grandes del mundo, la estructura de la oficina declara que los grupos pequeños forman la base de la iglesia. Yo aprendí a amar a aquellas iglesias celulares que se estructuraron físicamente para la tarea. Estas iglesias tienen una ventaja porque no hay duda alguna acerca de sus prioridades.

La Iglesia del Pleno Evangelio Yoido, bajo el Pastor David Cho, fue pionera en cuanto a la estructura de la oficina de la iglesia celular. Existen enormes oficinas de distrito cercando el templo principal. Hay mapas marcando cada oficina de distrito que demuestran claramente las metas del distrito y su organización. También hay escritorios, uno para cada pastor de los sub-distritos, formando un rectángulo alrededor del cuarto, y el escritorio del pastor de distrito encabeza el rectángulo. Los pastores de los sub-distritos se sientan en sus escritorios los domingos, prontos para aconsejar a los miembros necesitados o quizás para animar a los líderes celulares para que alcancen sus metas.

Las oficinas celulares en la Iglesia Elim en San Salvador también forman un anillo alrededor del templo principal. Las oficinas celulares son lo primero que está visible al entrar en la iglesia. Las personas que están buscando consejos visitan la oficina de distrito de su área geográfica particular. Estas oficinas de distrito están abiertas las 24 horas los domingos, y a lo largo de la semana.

Las oficinas celulares de la Comunidad de Fe Bautista se parecen a una empresa muy organizada que rebosa de actividad y excitación. Todo tiene su lugar. Las gráficas, mapas y metas sobresalen de cada rincón. El pastor de Betania, Larry Stockstill, compara las oficinas de Singapur a "un cuarto de estrategia militar en el Pentágono." Él se preguntaba: "¿Por qué no he visto nunca una Oficina de Distrito en EEUU de Norte América? ¿Podría servir esto como un 'Puesto de Comando' espiritual donde la estructura celular invisible puede hacerse visible y los líderes celulares podrían encontrar su 'dirección' en la iglesia?"[1]

Dios obró después por medio de Stockstill para establecer un puesto de comando en Norte América. Las oficinas de distrito de Betania, llamadas Touch Center, son el punto estratégico y médula central de la iglesia. Toda la planificación celular vital, consejería, confección de los mapas y la preparación general tiene lugar en esas oficinas, y contienen un buzón para cada líder celular. La estructura celular invisible en Betania se ha hecho visible.

Dónde empezar

Las iglesias que recién están empezando a realizar la transición a las células quizás no puedan construir oficinas grandes, y los ejemplos anteriores pueden parecer intimidatorios. Empiece por usar lo que tiene. Quizá usted tiene una oficina extra designada para los ministerios juveniles. Transfórmela en una oficina celular. Cuelgue un cartel afuera de la puerta que indica el nuevo enfoque celular:

> CÉLULAS JUVENILES
> DIRECTOR JUAN PÉREZ

Cuando la Iglesia de la República empezó la transición a una iglesia celular, contratamos a una secretaria de tiempo completo para el ministerio celular; rediseñamos las oficinas existentes con carteles nuevos que indicaban nuestro enfoque celular; colgamos mapas grandes en todas las paredes de la oficina, identificando las células en cada área homogénea. También colocamos cuadros mostrando cuáles eran nuestros líderes celulares, y el horario y lugar de sus reuniones celulares. De nuevo, los cambios físicos plantaron un cartel en la iglesia. Decía: "Nosotros somos una iglesia celular. Acostúmbrese."

Publicidad

Cuando realice la transición a una iglesia celular, preste atención a los detalles. Las cosas pequeñas determinan a menudo el éxito o el fracaso. Los detalles establecen la filosofía de la iglesia celular ante los miembros de la iglesia y la comunidad en general.

"No siga hablando sobre el ministerio celular," dijo un pastor. "Las personas se cansarán de él." No crea en estos argumentos ni permita que dicho negativismo influya en su compromiso para proclamar, publicar y extender la filosofía de la iglesia celular.

Los que entienden el lugar de la visión en la iglesia declaran que una iglesia no puede proclamar su visión lo suficiente. Repítala en cada oportunidad. Estoy de acuerdo con George Barna cuando escribe en 'El Poder de la Visión': "Los líderes que han tenido mucho éxito argumentan que deben aprovecharse todas las oportunidades, en todo momento, para compartir la visión."[2] Nuestra declaración de la visión en la Iglesia de la República es: *"Quito al Encuentro con Dios a través de una Iglesia Celular"*. Declaramos esta verdad en cada oportunidad.

El boletín

El boletín típico de la iglesia tiene un lugar para todo. La venta de las cosas horneadas de Jody recibe un espacio importante, y la excursión especial de los hombres se encuentra en la tapa interior. Probablemente le falta un tema y se reduce a mezcolanza de actividades esparcidas a lo largo de las páginas. ¿Y quién incluso decide cuáles anuncios reciben atención prioritaria? Por lo general es la secretaria de la iglesia, o quizá el pastor principal juega un papel importante.

En muchas iglesias con grupos, el ministerio celular es un programa entre muchos. Algo sobre las células podría aparecer todas las semanas, pero una plétora de programas siempre aparece a su lado. La congregación recibe el mensaje que asistir a un grupo celular es una opción, pero por cierto, no el más importante. Un domingo, posiblemente el último programa de evangelización podría conseguir toda la atención; el domingo siguiente, el ministerio femenino rivaliza por el lugar central.

Los boletines en las iglesias celulares deben ser diferentes. El boletín ocupa un lugar central en el congelamiento de los cambios de la iglesia celular. Cuando un visitante ve la visión de la iglesia celular reflejada en el boletín, no tarda mucho para captar el latido del corazón de la iglesia.

En la Iglesia de la República, por ejemplo, dedicamos toda la parte interior del boletín al ministerio celular. Resaltamos una zona celular homogénea todas las semanas. Cada octava semana mostramos todo el organigrama, de modo que las personas ven el cuadro completo y las células nuevas. Todos los anuncios celulares aparecen en la tapa interior; todos los demás anuncios se encuentran en la parte de atrás del boletín.

Los anuncios

La mayoría de las iglesias toman un tiempo para los anuncios, ya sea antes de la predicación o al final del culto. Si el ministerio celular es una prioridad en su iglesia, esto debe reflejarse en los anuncios.

En la Iglesia de la República, con más de 120 grupos celulares el ministerio celular es la actividad primaria. Por consiguiente debe ser el anuncio primario. Uno de los siete directores, en forma rotativa, presenta su zona cada semana. Si un miembro de la célula fue sanado, ella puede compartirlo con toda la iglesia. También presentamos los nuevos grupos que se abrirán durante la siguiente semana. El ministerio celular es resaltado constantemente, y toda la congregación empieza a percibir que todo el trabajo pastoral, la consejería, el entrenamiento y el discipulado pasan a través del ministerio celular.

Los que asisten a la celebración del domingo necesitan comprender que el cuidado pastoral y el ministerio se ofrecen a través del sistema celular. Deben empezar a asistir a un grupo celular para beneficiarse de sus recursos.

Carteles y cuadros en la pared

Un cartel grande cuelga de la pared en la Iglesia de Agua Viva. Este cartel dice lo siguiente: "Ministerio Celular: Nuestro Método de Alcanzar a Perú con el Evangelio." Los carteles en el Centro Cristiano en Guayaquil, Ecuador, tienen declaraciones similares. Los carteles, los recuadros en las paredes y las carteleras de anuncios en estas iglesias declaran la filosofía celular a los nuevos y recuerdan a los fieles el enfoque principal.

Las carteleras de anuncios pueden tener fotografías del último retiro celular, las últimas estadísticas y gráficas del crecimiento del grupo celular, o el sistema de entrenamiento para el liderazgo. Haga lo mismo con los mapas de las células. La Iglesia de la República construyó un mapa grande donde se ubican todas nuestras células en toda la ciudad, y lo puso a la entrada de la iglesia. Cuando el santuario fue agrandado, ese mapa fue llevado al frente de toda la congregación para que lo vieran durante todo el culto. Algunos objetaron: "No es práctico ponerlo allí porque las personas no se acercarán naturalmente para mirarlo allí adelante." Ellos tenían razón, pero dejaron de ver el punto principal. Este mapa grande de las células anunciaba durante todo el culto: "Nosotros somos una iglesia celular." Al que venía por primera vez, les decía: "Únase a un grupo celular."

La iglesia celular es una iglesia que crece, que se ensancha. Las personas nuevas y los tradicionalistas deben entender que el ministerio celular es central en la iglesia. Algunos llaman a estas tácticas "mercadeo," pero es tan sólo el uso del sentido común. Debido a la dificultad de realizar la transición de una iglesia del modelo tradicional al modelo celular, recuerde a las personas del enfoque celular poniendo constantemente las células delante de ellos.

Organigrama

Cuando realice la transición a una iglesia celular, preste atención a los Un organigrama dice mucho sobre las prioridades de una iglesia. Mientras se realiza la transición a la filosofía de la iglesia celular, prepare cuidadosamente un organigrama. ¿Está el ministerio celular en el centro del ministerio? ¿Pueden todos ver eso en el organigrama?

Una de las iglesias celulares más innovadoras que yo estudié tenía un organigrama que traicionaba su enfoque del ministerio celular. Las células eran la base de esta iglesia, y nadie podría unirse a otro ministerio ni podría ser un miembro sin involucrarse activamente en una célula. Pero en el organigrama, las células estaban colocadas como un ministerio entre muchos otros. Había cinco o seis categorías adicionales que aparecían en el mismo nivel que el ministerio celular.

Estos otros ministerios eran importantes, pero eran considerados programas separados en el organigrama en lugar de alimentar el ministerio celular. En realidad, todos los otros ministerios servían el ministerio celular. El pastor titular encabezaba el organigrama, los dos co-pastores estaba debajo, y los diferentes directores de la consejería, adoración, el ministerio de niños y las células estaban debajo

en el mismo nivel que estos pastores. Su organigrama era confuso porque no reflejaba el ministerio celular como la base de la iglesia:

Antes de preparar un organigrama, hágase estas preguntas:
- ¿Los grupos pequeños es uno entre muchos otros ministerios?
- ¿Los miembros del personal tienen departamentales aparte de las células?
- ¿El pastor titular dirige el ministerio celular?
- ¿Cuál es la conexión de los otros ministerios a la estructura celular (el ministerio de niños, consejería, etc.)

La pregunta importante es la siguiente: *¿Cómo se relaciona todo lo demás en el organigrama con el ministerio celular?*

Este organigrama en la Iglesia de la República aparece en el boletín cada dos meses.

Las categorías celulares (áreas geográficas u homogéneas) deben figurar directamente bajo el pastor titular. El organigrama también debe mostrar claramente que no hay nada compitiendo con la estructura basada en las células.

Presupuesto para la iglesia celular

"Ponga su dinero donde está su boca." Este gastado dicho se aplica a la iglesia celular. El presupuesto de la iglesia debe reflejar que es una iglesia celular o una iglesia haciendo la transición a la iglesia celular. ¿Qué debe incluir dicho presupuesto?

Las personas gastan dinero en lo que es importante para ellos. Si la Junta de su iglesia, por ejemplo, se opone a gastar dinero en el ministerio celular, esto refleja la verdadera prioridad de los miembros de la Junta. Esto pasó durante los primeros tiempos de la Iglesia de la República, cuando era difícil conseguir el dinero para las consideraciones celulares básicas. Yo hablé directamente con el administrador y con ciertos miembros de la junta: "Si somos una iglesia celular, no debe haber vacilación para gastar dinero en estos artículos. Donde gastamos nuestro dinero debe reflejar nuestras prioridades." Desde entonces el administrador se ha vuelto uno de los miembros de la iglesia que más se ha convencido de la filosofía de la iglesia celular.

Ofrendas recogidas en la reunión celular

Muchas iglesias celulares recogen ofrendas en el grupo celular. De hecho, seis de las ocho iglesias celulares en mi estudio levantan ofrendas en cada reunión celular.3 Estas ofrendas son volcadas en la administración central de la iglesia, aunque en algunos casos las células tienen permiso para gastar parte del dinero.

Para estas seis iglesias celulares, recoger las ofrendas en la reunión de la célula le da al grupo un sentido de responsabilidad. Los tesoreros en cada célula llevan el dinero fielmente los domingos a la mañana a la iglesia. En la Iglesia Elim, el orden y la organización de primera clase de recoger las ofrendas es asombroso. Cada líder trae la ofrenda recogida en la reunión celular y lo deposita en una ranura preestablecida. Los miembros del personal entrenados cuentan los miles de sobres a lo largo del día.

Estas células no suplican para que den el dinero. Más bien, la ofrenda celular es un vehículo para conectar la célula con la celebración. Estas células no son unidades aisladas o iglesias caseras. Semana tras semana, los miembros de las células también asisten al culto de celebración, y la ofrenda a la iglesia madre refleja dicho compromiso.

Por lo menos 65 por ciento de los miembros en la mayoría de las iglesias celulares asisten a la célula y a la celebración. Sin embargo, algunos que asisten a la célula no se han comprometido todavía con la celebración, y algunos que asisten a la celebración todavía no asisten a la célula. Muchas iglesias celulares creen que los que asisten a las células y que no se han comprometido todavía con el culto de celebración deben tener la oportunidad de contribuir a la iglesia. Después de todo, ellos se benefician directamente del grupo celular. El grupo celular es la iglesia para algunos que todavía no han aceptado la celebración como suya.

No todas las iglesias celulares recogen las ofrendas dentro de la célula. El Centro de Oración Mundial Betania, de hecho, prohibe tratos financieros en las células, a no ser alguna ofrenda de amor ocasional.[5] Cada iglesia necesita decidir según sus propias necesidades y contexto.

El ministerio de niños en la iglesia celular

¿Qué hacen las iglesias celulares con los niños los domingos? Algunos piensan, equivocadamente, que la iglesia celular pasa por alto a los niños. No hay ninguna excusa, realmente, para "hacer algo a medias" con respecto al ministerio de niños en la iglesia celular. Los niños son importantes para Dios, y todos los seguidores de Jesús deben dar prioridad a los niños.

En aquel tiempo los discípulos se acercaron a Jesús y le preguntaron: '¿Quién es el mayor en el reino de los cielos? Llamando Jesús a un niño, lo puso en medio de ellos, y dijo: 'De cierto os digo que si no os volvéis y os hacéis como niños, no entraréis en el reino de los cielos. Así que cualquiera que se humille como este niño, ese es el mayor en el reino de los cielos. (Mateo 18:1-4)

Una iglesia celular debe ofrecer un culto de celebración de primera clase el día domingo (mientras se separan también en grupos más pequeños) para los niños, y también proveer la atmósfera celular durante la semana. Este doble énfasis agrega vitalidad al ministerio de los niños.

Los niños en la celebración

Una de las formas clave de discipular a niños es enseñarles la Palabra de Dios. Los niños, al igual que los adultos, necesitan la enseñanza de la Palabra inerrante de Dios. La exhortación de Pablo a Timoteo aplica a los niños:

Predica la Palabra; persiste en hacerlo, sea o no sea oportuno; corrige, reprende y anima con mucha paciencia, sin dejar de enseñar. Porque llegará el tiempo en que no van a tolerar la sana doctrina, sino que, llevados de sus propios deseos, se rodearán de maestros que les digan las novelerías que quieren oír. (2 Tim. 4:2-3).

Durante el tiempo normal de la predicación de adultos, los niños pueden también tener su tiempo para la Palabra. A menudo, los niños adorarán con los adultos y luego se retirarán del servicio de adultos para reunirse en grupos o todos juntos, dependiendo del tamaño de la iglesia.

Algunas iglesias celulares más grandes tienen una reunión de niños completamente por separado que incluye adoración, drama y una enseñanza general. Los niños, luego, son divididos por edad en grupos pequeños para estudiar la Palabra de Dios. Maestros entrenados instruyen a los niños. Aquellos que enseñan a niños deben usar todos los recursos posibles para educarlos y mantenerlos interesados, así como relatos graciosos, gráficos de franela, historias dinámicas, libros con canciones en letras grandes y cualquier cosa que sea visualmente atractiva.

A menudo, las iglesias celulares relacionan la enseñanza del domingo con el grupo celular que se lleva a cabo durante la semana. Algunas iglesias celulares más avanzadas—como la Vid—sincronizan todas las enseñanzas (predicación, el ministerio de niños los domingos y las células). La pastora Marcia, pastora del ministerio de niños en la Vid, escribe el material para los niños basado en el mensaje que su esposo Aluizio predica. El mismo tema bíblico es luego adecuado a la lección para células infantiles, así como para la de adultos, para ser usado en sus grupos celulares durante la semana.

Los buenos maestros involucran a los niños en las historias a través de preguntas interactivas. Así como con cualquier buena lección, la preparación hace la diferencia entre una lección seca y aburrida y una que tiene un impacto perdurable. El objetivo es que los niños regresen con un nuevo compromiso de servir a Jesús. Si tienes una iglesia que ha sido plantada, pueda que no tengas los recursos a los que las iglesias más grandes están acostumbradas. Aun así, el objetivo es el mismo: visualizar a los niños convirtiéndose en ministros del evangelio—discípulos que hacen discípulos—en vez de ser simples receptores de conocimiento.

Algunas iglesias celulares, como Iglesia Elim, encuentran todos sus maestros para la Escuela Dominical a través de los varios distritos sobre una base rotativa. El pastor de distrito localiza de los grupos celulares suficientes maestros calificados con disposición para dirigir la Celebración de los Niños. Muchas iglesias siguen este ejemplo, demostrando una vez más que las necesidades de una iglesia pueden satisfacerse a través del sistema celular.

La enseñanza de la Palabra de Dios y la adoración con otros creyentes van de la mano. Algunos llaman a la experiencia completa como "adoración." Aquí me estoy refiriendo a ayudar a los niños a aprender a entrar a la presencia de Dios, a moverse en el Espíritu de Dios, a aprender a orar y a escuchar la voz de Dios. Desde luego, una parte importante de esto es el reunirse con otros adultos y otros niños en grupos más grandes.

Lanzamiento de la visión para alcanzar a los niños

La realidad es que las células infantiles requieren de ayuda adulta, ya sea siendo el anfitrión del grupo, liderando al grupo u organizándolo. Así que cuando se trata de proyectar la visión celular, el pastor general tiene una excelente oportunidad de proclamarle a todos los que se congregan durante la reunión más grande que la formación de discípulos no es sólo para adultos. Todos necesitan involucrarse.

Mario Vega a menudo proyecta la visión del ministerio infantil los domingos por la mañana, hablando maravillas de aquellos que lideran a los niños al igual que de los planes de inaugurar más células infantiles a lo largo de El Salvador. La influencia de Mario le agrega una nueva emoción a la iglesia y anima a aquellos que están ministrando a los niños.

Evangelizando a los niños en la celebración

Ochenta y cinco por ciento de las experiencias de conversión les ocurren a las personas entre los cuatro y catorce años de edad. Y si vamos a hacer discípulos de todas las naciones, necesitamos comenzar con la conversión de los niños.

Luis Bush, un conocido estratega de misiones, pasó la primera mitad de su carrera promoviendo la Ventana 10/40, el área del globo entre diez grados y cuarenta grados de latitud norte. La tesis de Bush es que los misioneros cristianos necesitan apuntar sus esfuerzos a esta área del mundo ya que la mayoría de la población no cristiana del mundo vive en esa región. Mientras que Bush continúa creyendo que la Ventana 10/40 es esencial, en septiembre de 2009 anunció una nueva iniciativa llamada la "Ventana 4/14," la cual alcanza niños entre los cuatro y catorce años de edad—el grupo más grande y más estratégico de personas en el mundo. Su libro de 2009 se titula *The 4-14 Window: Raising Up a New Generation to Transform the World (La Ventana 4-14: Levantando a una Nueva Generación para Transformar al Mundo)*, y explica por qué el evangelismo de niños debería apropiarse tanto de nuestra atención como de nuestros recursos.

La reunión más grande es un gran lugar para evangelizar y alcanzar la Ventana 4/14. Recuerdo durante una reunión grande en mi iglesia de la infancia, escuchar a un predicador hablar sobre pedirle a Jesús que entrara a tu corazón. Demostró cómo funcionaba esto a través de un filme corto. Probablemente tenía unos diez años de eada en ese entonces. No creo que el predicador haya hecho una invitación para recibir a Jesús, pero sí recuerdo que me di cuenta que Jesús quería tener una relación personal con cada persona y que quería vivir en mi corazón.

Evangelizar a los niños no se trata sólo de la conversión, sino también de enseñarles a evangelizar. Los niños hacen amigos fácilmente y pueden invitar a sus amigos a actividades cristianas de forma natural (y a menudo sus padres vendrán también). Los niños, al igual que los adultos, pueden ejercitar sus músculos espirituales al evangelizar a otros, invitándolos tanto a la célula como al servicio de celebración.

Los niños en la células

Un grupo celular de niños prioriza la transformación de aquellos presentes y el enfoque está en la aplicación de la Palabra de Dios. Cuando los niños abren la Biblia juntos, el mensaje está dirigido a cómo los niños pueden vivir en la fe cristiana cada día.

Los niños en la célula son animados a escuchar la voz de Dios, a orar y a compartir lo que Dios les está mostrando. El Espíritu toca vidas a medida que cada niño responde al Espíritu en él o en ella. Jesús es el Señor de la célula, la cual es su Iglesia y Él adora obrar y traer una transformación.

El líder no es tanto un maestro como es un pastor, un modelo a seguir y un mentor. Todos se unen a la discusión y los niños más jóvenes pueden compartir una experiencia, una pregunta o una oración, las cuales son de bendición a otros. El líder puede ser un adulto, pero a medida que los niños crecen espiritualmente, se les puede dar más y más responsabilidad.

La oración es un vehículo vital para que los niños compartan sus necesidades y se animen unos a otros en sus vidas diarias. También aprenden a orar por las necesidades de otros. Los niños pueden ser poderosos guerreros de oración y necesitan ser entrenados en este vital rol.

Hay dos tipos de grupos celulares para niños. Uno es el grupo intergeneracional y el otro es el grupo de sólo niños. El grupo intergeneracional resalta a todas las generaciones, incluyendo a los niños, mientras que el grupo de sólo niños es guiado por un equipo de adultos en la casa de alguien durante la semana. Ambos son comunes en el ministerio celular y los siguientes tres capítulos explorarán estos dos tipos de grupos en detalle.

Los grupos intergeneracionales

Los grupos intergeneracionales se reúnen semanalmente fuera del edificio de la iglesia (normalmente en los hogares) al igual que los grupos intergeneracionales, pero los niños se reúnen por separado del grupo de adultos. En otras palabras, los niños no se mezclan con los adultos durante el rompehielos y la adoración, sino que tienen su propio tiempo para el rompehielos, la adoración, la lección, y el tiempo de comunión.

Los niños en las células intergeneracionales se reúnen con los adultos en el formato regular de las células para el rompehielos al igual que para el tiempo de adoración.

Los niños se retiran luego durante el tiempo de la enseñanza. Mientras que los adultos interactúan con la Palabra de Dios basada en la predicación del pastor, los niños reciben su propia lección para células personalizada que normalmente es preparada por la iglesia. Los niños se reúnen en una habitación distinta de la misma casa después de la bienvenida y la adoración.

Algunas iglesias celulares tienen un pastor o un coordinador del ministerio de niños que supervisa los grupos intergeneracionales, provisiona el material para las reuniones de los grupos intergeneracionales y entrena a aquellos que imparten las lecciones. Este mismo coordinador es responsable de entregarle la guía de la célula infantil a la persona indicada. Muchas iglesias pequeñas encuentran sus recursos en librerías, en Internet o al pedirles a padres talentosos que preparen las guías de la célula infantil. Algunos grupos intergeneracionales muestran un video cristiano durante el tiempo que están con los niños para hacer preguntas que tengan una aplicación.

Cuando el grupo tiene cuatro o más niños de manera consistente, muchos grupos buscan a un equipo de líderes permanente que sientan el llamado de liderar a niños.

El tiempo de lección de los niños a menudo se llama "Espacio para Niños," el tiempo cuando los niños van a una habitación distinta después del tiempo de bienvenida y adoración. El Espacio para Niños puede ser facilitado por cualquier miembro(s) del grupo pequeño que ya son conocidos y que han estado en el grupo pequeño por un periodo de tiempo. Siempre es mejor tener a dos adultos en el Espacio para Niños por seguridad y razones éticas. Durante el Espacio para Niños, los niños son animados a escuchar la Palabra de Dios, interactuar unos con otros, y construir relaciones unos con otros. Los niños tienen la oportunidad de interactuar con distintos adultos y de ver a Dios obrando en sus vidas. Tienen la oportunidad de ver "la vida cristiana normal" como es vivida por los adultos en la iglesia.

Los niños necesitan tener posesión del grupo pequeño. Deben tener la libertad de hacer preguntas, expresar opiniones e incluso dar consejo. Pueden estar a cargo de aspectos de la reunión celular, tal como la oración, escoger canciones, evangelizar e incluso facilitar partes de la enseñanza. Deben ser animados en especial a servirle a través de los dones del Espíritu a aquellos dentro del grupo celular.

Las edades de los niños sí marcan una diferencia. Muchos grupos intergeneracionales piden que los bebés y niños pequeños permanezcan en la célula de adultos. A menudo, los bebés son cargados por sus madres, padres, solteros y "abuelos." Los niños pequeños dan pasitos por ahí durante el tiempo de la célula, lo cual les sirve de distracción. A veces se quedan dormidos. Alrededor de los tres años de edad, los niños pueden comenzar a asistir al Espacio para Niños. A veces los niños de dos o tres años asisten al Espacio de Niños en especial si un hermano o hermana mayor también asiste. Pero como regla general, se debe animar a que aquellos niños menores de tres años se queden con sus padres o duerman en una cama o en los brazos de sus padres. También pueden jugar en silencio. Después de un tiempo, los niños pueden ser entrenados a aceptar esto e incluso regresar a sus casas ya dormidos.

Si aquellos dentro del Espacio para Niños son de tres a seis años, necesitan más actividades como cantar, tener juegos, ayudas visuales o videos. El grupo en esta edad no se beneficiará de la lección de la célula de adultos. Necesitarán una dinámica, una lección aplicable, preguntas, dramas, oración y otras actividades.

Grupos celulares sólo para nños

Hay dos tipos de grupos celulares para niños. Uno es el grupo intergeneracional y el otro es el grupo de sólo niños. El grupo intergeneracional resalta a todas las generaciones, incluyendo a los niños, mientras que el grupo de sólo niños es guiado por un equipo de adultos en la casa de alguien durante la semana. Ambos son comunes en el ministerio celular y los siguientes tres capítulos explorarán estos dos tipos de grupos en detalle.Los niños que asisten a grupos intergeneracionales normalmente llegan con sus padres al grupo, pero esto a menudo *no* es el caso con los grupos celulares sólo para niños.

De hecho, la Iglesia Elim a menudo se centra en barrios densamente poblados, con el objetivo de iniciar grupos sólo para niños. Los asistentes provienen de sectores hacinados de ese barrio en particular. Lo mismo ocurrió en Cusco, Perú, donde la Iglesia la Vid ha iniciado 400 grupos sólo para niños; muchos de ellos se reúnen completamente por separado de un grupo celular existente de adultos. Con grupos celulares sólo para niños, barrios llenos de niños pueden ser alcanzados sin necesidad de tener una célula de adultos completamente funcional.

A pesar que muchos grupos sólo para niños se reúnen en la misma casa que el grupo de adultos y, a menudo se reúnen al mismo tiempo, éste no es siempre el caso. En otras palabras, hay más flexibilidad al usar grupos sólo para niños.

Otra distinción clave es el liderazgo. En el grupo intergeneracional, el liderazgo es compartido. Los adultos se rotan para enseñar el Espacio para Niños. En los grupos sólo para niños, hay líderes dedicados que se consideran el líder de ese grupo celular en particular. Los grupos celulares sólo para niños son tratados como grupos celulares normales dentro de la iglesia. Tener a un líder de niños determinado también permite una mayor flexibilidad en dónde y cuándo el grupo se reunirá.

Al igual que los líderes de adultos, todos los que dirigen grupos celulares sólo para niños deben pasar por el equipamiento completo de la iglesia, al igual que los líderes de las células juveniles y de adultos. Al igual que todos los líderes, aquellos que dirigen células sólo para niños son entrenados a fondo y supervisados por el equipo de liderazgo de la iglesia.

El orden del grupo solo para niños es similar al de un grupo intergeneracional normal:

- Bienvenida
- Adoración
- Palabra
- Testificación

La diferencia radica en la bienvenida y el tiempo de adoración, ya que se enfocan en los niños, en lugar de en los niños y en los adultos, como en los grupos intergeneracionales. Debido a que el rompehielos se dirige únicamente a los niños, el líder puede enfocarse en temas asociados a niños. Él o ella puede decidir conectar el tema de la lección con el rompehielos.

La Iglesia Elim en San Salvador ministra a más de 30,000 niños todas las semanas. A diferencia de las células inter-generacionales, las células de los niños en Elim se reúnen independientemente. Éstas tienen lugar durante las células de los adultos, pero en otro cuarto de la casa. Un miembro del equipo de liderazgo celular adulto generalmente siente un llamado para dirigir el grupo celular de los niños. De lo contrario, cada adulto en el equipo de liderazgo celular rota para enseñar a los niños.

Conclusión

Recuerde que los detalles importan mientras la iglesia realiza la transición al modelo celular. Poner a punto una iglesia para el crecimiento significa prestar atención a la estructura física del edificio de la iglesia y su apariencia. Los sistemas celulares poderosos alimentan las células saludables, no al revés. Para empezar bien y tener una amplia oportunidad para el éxito, piense y ore seriamente sobre cómo el ministerio celular es presentado al resto de la iglesia.

Capítulo Trece

Excelencia en la celebración

"Démonos prisa o de lo contrario no encontraremos asiento," decía Jaime mientras nos encaminábamos al estadio interior moderno en Singapur. Jaime y yo nos habíamos encontrado la noche anterior en un grupo celular de la Iglesia Bautista Comunidad de Fe.

"Todo es profesional y bien-organizado," yo pensé, cuando los acomodadores nos guiaron a los niveles dos y tres del estadio de 10,000 asientos. Después de notar a todos los que estaban a nuestro alrededor, le pregunté a Jaime: "¿Es normal que tantos jóvenes asistan al culto de la celebración?" "Ajá, aproximadamente 65 por ciento de nuestra congregación tiene 30 o menos."

Nadie tenía que anunciar que el culto estaba empezando. Cuarenta miembros del equipo de adoración marcharon desde las cortinas al estadio, ondeando banderas con movimientos sincronizados. Luego empezaron a bailar y saltar, mientras dos líderes guiaban a la congregación en la adoración. Todos llevaban una ropa muy bonita y que combinaba, mientras nos dirigían en una alabanza enérgica a Dios.

Los líderes de adoración alternaban entre el chino y el inglés. Debido a la distancia del estrado, yo no podía distinguir inmediatamente quién estaba dirigiendo el culto realmente. Noté que uno de los dos líderes de la adoración se movía constantemente. ¡De repente, me di cuenta que el que se 'movía' continuamente no era otro sino el mismo Lawrence Khong, el pastor titular!

"De Primera Calidad" es cómo yo evaluaría la adoración en la IBCF. Todo lo que se hacía en ese culto era excelente. La predicación era clara, basada en la Biblia y relevante. El Pastor Khong incluso llegó a traducir todo el mensaje del inglés al chino, y yo no estuve aburrido en ningún momento. Muchos en el mundo conocen la IBCF por su poderoso sistema celular. Pero la IBCF ofrece un culto de celebración semanal que es verdaderamente ejemplar y tan poderoso como sus células.

Tres características de una celebración eficaz

Las iglesias celulares exitosas comparten modelos similares en sus cultos de celebración. Escoger las características principales de entre la gran variedad de posibilidades - la oportunidad de recibir ministerio, la experiencia del Espíritu Santo, relevancia cultural, etc. - obviamente requiere de subjetividad. Pero yo escojo estas tres características: inspirador, bien planeado y una predicación poderosa.

Inspirador: Los sinónimos incluyen lo siguiente: estimulante, alegre, excitante, refrescante y vigorizador. "Divertido" incluso puede llegar a ser apropiado. Christian Schwarz escribe: "Las personas que asisten a un culto verdaderamente 'inspirador' declaran típicamente que 'ir a la iglesia es divertido'."[1] Estamos hablando aquí sobre la excitación que viene de la llenura del Espíritu Santo y de la completa dependencia en Él. Durante un culto de adoración de una iglesia celular escribí lo siguiente: "¡Aquí hay vida! ¡Este es Su trabajo soberano! Ésta es una expresión limpia y dinámica del amor de Dios. Los gritos de alegría se extendieron como reguero de pólvora por la sala de conferencias. Esto no es sólo un individualismo salvaje, carismático. Hay orden por todas partes." Estoy de acuerdo con la observación de Christian Schwarz: ¡La adoración debe ser divertida!

Bien Planificado: El Espíritu Santo hace un culto excitante, pero Él espera de nosotros que planifiquemos diligentemente. La espontaneidad inspirada que reina en estos cultos es el resultado de horas de planificación. Tome un equipo de adoración, por ejemplo. Trece músicos en la plataforma, todos vestidos iguales, impecables, tocando sus instrumentos con una coordinación perfecta, e incluso moviéndose al unísono con el ritmo. Todo parece tan fácil, pero requiere horas de preparación sacrificada para lograr estos cultos de adoración excelentes. La frase "bien planificado" no se refiere exclusivamente al culto sino también a los acomodadores, a los que saludan, los anuncios, la música especial y la atmósfera en general.

Predicación Poderosa: Por encima de todo, la predicación llena del Espíritu es la norma en estas iglesias celulares. Después de oír la Palabra, los miembros de la iglesia parten satisfechos. Reciben un sermón de primera clase, y el pastor aplica la Palabra de Dios a los problemas prácticos. El pastor titular acepta la responsabilidad mayor de predicar la Palabra. El tamaño mismo de algunas de estas iglesias obliga al pastor principal a compartir a veces esta responsabilidad.

La celebración fortalece el ministerio celular

Cuando hablamos de la iglesia celular, nos estamos refiriendo a la célula con la celebración. La iglesia celular es una iglesia que celebra. La célula no es más importante que la celebración, ni es la celebración más importante que la célula. Ambos son iguales de importantes. La meta del líder de la célula no sólo es aumentar su grupo celular, sino también asegurar que todos los miembros de la célula asistan al culto de la celebración el domingo por la mañana (N. del T.: en algunos países del norte, especialmente), llegando a ser así una parte integral de la iglesia.

Tome en cuenta cómo la célula y la celebración se complementan:

1. La célula proporciona intimidad y responsabilidad. La celebración exalta la grandeza de Dios mientras todo su pueblo adora juntos.
2. La célula incluye el cuidado pastoral personal e individual. La celebración resalta el liderazgo de los niveles superiores.[2]
3. La célula enfatiza la aplicación de la Palabra de Dios. El culto de la celebración incluye la enseñanza de la Palabra de Dios y a menudo las ordenanzas.[3] Cada líder intenta traer todos los miembros de la célula a la celebración para oír la predicación de la Palabra y para participar de las ordenanzas.

Las iglesias celulares exitosas alrededor del mundo intricadamente vinculan el ministerio celular al culto de la celebración. Se toma sumo cuidado para garantizar que cada célula comparta la misma visión y filosofía de la iglesia madre, de la que cada una es una extensión.

Para asegurar esta continuidad, las iglesias celulares proporcionan las lecciones celulares basadas en el mensaje del pastor titular. Aunque cada iglesia usa un estilo o estructura diferente para confeccionar la lección, sin excepción, el mensaje del pastor siempre es la base. Los líderes de las células son facilitadores - no pastores oficiales. La mayoría no tiene entrenamiento teológico formal. Su tarea primaria es facilitar la discusión en grupo y pastorear a los que están en el grupo. Proporcionando las lecciones para la célula ayuda a mantener la pureza doctrinal, a aliviar la presión del líder de la célula, y asegurar que los creyentes jóvenes también puedan dirigir un grupo celular. De este modo, los líderes celulares pueden concentrarse en sus responsabilidades, y el vínculo entre la célula y la celebración se fortalece.

La celebración en IPEY (Corea)

El culto de la celebración en la Iglesia del Pleno Evangelio Yoido es una combinación estupenda de fervor, himnos tradicionales, coros vestidos uniformemente y predicación sana. En cada culto hay un coro diferente con túnicas de colores vivos y combinados. Un conductor dirige la orquesta y el coro.

El culto de adoración es muy agradable, con alta tecnología y sumamente bien organizado. En cada culto en el santuario principal, se sirve la comunión a más de 12,000 personas en cuestión de minutos. El vino y las galletas de arroz (en lugar de pan) se pasan simultáneamente de mano en mano a lo largo de los bancos. Los miembros beben el vino con las bandejas de la comunión en la mano; de este modo es más fácil para devolver inmediatamente la copa vacía.

La predicación de Cho es bíblicamente sana. El día que yo los visité, repetidamente llamó a la iglesia al arrepentimiento, específicamente reprendiendo la superficialidad en la congregación. Cho audazmente habló contra la corrupción en el gobierno coreano, llegando incluso a nombrar el presidente coreano y un escándalo reciente. Con respecto a la predicación de Cho, yo escribí lo siguiente: "Cho es uno de los mejores predicadores que conozco. Dio una ilustración muy clara de la corrupción política en Corea. Él va de la Palabra a las ilustraciones. Su predicación es grande. Habló sobre la presencia de Acán en Corea."

En IPEY todos oran juntos en forma simultánea durante los cultos de la celebración. ¡Qué alegría oír finalmente tantas voces levantadas al unísono al trono de Dios! Oraciones diligentes (a menudo en lenguas) ascienden al trono simultáneamente. Cuando suena una campanilla, todo queda en silencio.

Los cultos de adoración tempranos satisfacen las necesidades de la población adulta en IPEY. Los cultos de adoración de la tarde ministra a las personas jóvenes. Los ujieres y coros por la tarde también vienen de la juventud.

Los obreros en IPEY se distinguen claramente. Las mujeres ujieres llevan vestidos coreanos de color azul vivo y blanco. Los ancianos que sirven la comunión usan guantes blancos mientras están sirviendo. Todos los obreros varones llevan chaquetas blancas. Todos ellos usan insignias, que distinguen su papel.

IPEY ha perfeccionado el uso del circuito cerrado de TV. El culto se proyecta en una pantalla grande en el piso principal del santuario. Fotografías de la congregación, vistas de las cruzadas de Cho (cuando está viajando), lecturas de las Escrituras, y las palabras de los himnos son todos mostrados en la pantalla grande. Estos cuadros se transmiten simultáneamente a los centenares de pantallas de TV en todo ese gran complejo. Algunos servicios (sobre todo cuando predica Cho) se transmiten en vivo a las diferentes capillas de la iglesia. En otros momentos, uno de los 700 pastores podría predicar en las distintas capillas, mientras otro pastor está predicando en el santuario principal. En todo momento, un pastor del personal está a cargo en cada capilla.

Pero yo estoy en una iglesia más pequeña...

El tamaño promedio de la iglesia en EEUU de Norte América es entre 50 y 75 personas. Yo conozco el esfuerzo de pastorear una iglesia pequeña; yo lo he hecho. Es difícil celebrar cuando hay tantos asientos vacíos. Y, sí, una congregación grande ayuda para que la celebración sea dinámica, festiva. Pero hay algo más importante. Las iglesias más grandes en el mundo empezaron con una dinámica: la excelencia. Si las iglesias sobresalen con lo que tienen, Dios les dará más. Concéntrese en la frase "excelencia en la calidad." Dios no está pidiendo a ninguna otra iglesia que sea como IPEY. Él está pidiendo que todas las iglesias hagan lo mejor en su situación particular.

Aquí hay algunos indicadores. Primero, invite a Jesús a través de la oración para hacer que cada culto de adoración sea excitante y dinámico. Segundo, planifique el culto de la celebración en detalle, desde los ujieres hasta la música. Tercero, prepare el sermón como si estuviera predicando a 5,000. Dios hará el resto. Él traerá la cosecha.

Cosechando por medio de la celebración

Algunos presumen que el culto de celebración de la iglesia celular está dirigido totalmente a los creyentes. "Las células evangelizan y la celebración edifica" es el pensamiento de muchos. Sin embargo, las iglesias celulares más grandes del mundo escapan a dicha clasificación por recoger la cosecha tanto dentro de la célula como en el culto de la celebración.

El Pastor César Castellanos de MCI hace todo lo posible para hacer que los cultos de adoración del domingo sean agradables para los que no son cristianos todavía. Centenares de personas pasan al frente todas las semanas después que da la invitación para recibir a Cristo. Inmediatamente son integrados en el sistema celular.

La Iglesia Elim da mensajes de salvación en sus seis cultos de adoración, y alrededor de 50 personas reciben al Señor en cada culto.[4] En el Centro de Oración Mundial Betania, el Pastor Larry invita a las personas a recibir a Jesús en casi todos los cultos. El sistema celular está listo para conservar los frutos.

La IBCF tiene "actividades para la cosecha" anuales para evangelizar a los que están perdidos. En diciembre, organizan un evento evangelístico llamado "Venga a Celebrar la Navidad." En agosto, tienen un concierto musical grande para recoger la cosecha. Miles de personas reciben a Jesús todos los años por medio de estos eventos.

En la mayoría de las iglesias celulares, la mayoría de las conversiones suceden en las células. Una cosecha poderosa ocurre cuando las células se concentran en la multiplicación por el incremento de las conversiones. Pero las iglesias celulares no se limitan a las conversiones en los grupos celulares. El culto de la celebración también ofrece oportunidades excitantes para recoger la cosecha.

Conclusión

Las iglesias celulares crecen cuando existe un intrincado equilibrio entre las células y la celebración. Algunas iglesias enfatizan en demasía la célula con perjuicio de la celebración, o la celebración con perjuicio de la célula. Sin embargo, ambas son esenciales.

Las iglesias celulares florecientes en el mundo sobresalen en las células y en la celebración. Sus células imparten vida y se reproducen. Sus cultos de celebración son inspiradores, bien planeados, y se caracterizan por una predicación poderosa. Cuando las células de primera calidad se combinan con una celebración dinámica, se produce una explosión espiritual que es capaz de un imparable crecimiento de la iglesia. Esa es la dinámica en las iglesias más grandes del mundo.

Capítulo Catorce

Prepárese para la transición

Ha puesto alguna vez una capa nueva de pintura sobre una madera podrida? En lugar de corregir permanentemente el problema eliminando la parte afectada, muchos optan por el arreglo a corto plazo. Y funciona... por un tiempo corto. Entonces empieza a pelarse parte de la pintura y se asoman partes de la madera a través de lo que antes tenía un aspecto inmaculado.

El ministerio de los pequeños grupos en muchas iglesias es como una capa de pintura nueva aplicada encima de la madera podrida. Muchísimo entusiasmo acompaña el comienzo. "Por fin tenemos grupos pequeños en nuestra iglesia," exclaman los miembros entusiasmados. Pero luego la infraestructura defectuosa falla, reduciendo los grupos pequeños a unos estudios bíblicos independientes aquí y allá. Yo he tratado con estos grupos autónomos después de estar rodando durante dos años en su propio sistema solar. Incluso llegué a rogarles que se unieran a nuestro sistema celular. "Bueno, tenemos nuestra propia manera de ver los grupos pequeños," contestó el líder cortésmente.

En algún punto, la madera podrida debe ser reemplazada. La clave: piense a largo plazo. Una solución de los pequeños grupos lograda a la ligera puede parecer sensacional en el momento. Puede resolver el problema - o enterrarlo - por dos, tres o cuatro años. Pero aparecerá de nuevo - y con mayor fuerza - posiblemente con otro pastor al frente. Aunque se pudiese experimentar algún éxito a corto plazo de este modo, es casi imposible de construir un ministerio que perdure a largo plazo. Por lo general, un comienzo falso conduce a una iglesia a decir: "Nosotros probamos con los grupos pequeños una vez, y no funcionó."

Nosotros nos preparamos para las cosas que valoramos. Cuando no nos preparamos para algo, es porque no lo valoramos. Preparando para lograr que el ministerio celular funcione en su iglesia demandará mucho esfuerzo y tiempo.

El proceso de cambio

"Estoy seguro que aceptarán nuestra propuesta," yo pensé. Después de todo, nosotros como los pastores de esta iglesia habíamos decidido convertir la iglesia en una iglesia celular. Entonces empezó la reunión. Dos horas después, machucado y abatido, me preguntaba qué era lo que había salido mal. Esa noche se me hizo claro como el cristal que a la iglesia no le interesaban nuestros planes para el cambio: el ministerio celular seguiría siendo un programa entre muchos. Apendí esa tarde que la tradición está profundamente arraigada y no se quita fácilmente.

Se han escrito estantes de libros sobre la dinámica del cambio. Cualquiera que intenta realizar la transición a la filosofía de una iglesia celular haría bien en entender la dinámica del cambio en el proceso de llegar a ser una iglesia celular. Manejar la dinámica de cambio es uno de los problemas críticos con respecto al comienzo o a la reconstrucción de un ministerio de grupos pequeños en una congregación. Si los cambios se manejan bien, la introducción de los grupos pequeños puede ser una verdadera bendición.

Recuerde esto: Cuando se introduce algo nuevo en la vida de una iglesia, hay un potencial para que surja un conflicto. Introducir un ministerio nuevo de pequeños grupos siempre involucra un cambio.

El cambio requiere tiempo

Dése tiempo, y tenga presente este adagio: "Todo toma más mucho tiempo del que usted espera, incluso cuando usted espera que tome mucho más tiempo del que usted espera." Lleva más tiempo construir un rascacielos que un galpón para la leña. La diferencia está en los cimientos. La profundidad de su excavación depende del tamaño y el propósito de su edificio.

Las personas necesitan tiempo para procesar sus ideas sobre la iglesia celular, así como le tomó tiempo a usted para llegar a sus conclusiones. Sus cabezas asentirán con entusiasmo cuando presenta el concepto de estos nuevos grupos pequeños, pero todavía necesitan tiempo para digerir las implicaciones. Personas diferentes responden al cambio en tiempos diferentes, y el tiempo involucrado no está basado necesariamente en su madurez espiritual.

Esto nos lleva a otra pregunta: ¿Cuánto tiempo tiene planes usted para quedarse en su ministerio presente? Después de introducir los cambios, ¿tiene usted planes para ver que se mantengan? Ni siquiera empiece a menos que esté dispuesto a ver que la transición llegue a su culminación. Esto podría requerir cinco años y, en algún punto, todo pastor quiere salir y encontrar pastos más verdes. Justo cuando está pensando que está progresando, se desata todo el infierno. Yo le llamo a estos momentos "tirones de la rodilla programática." Cuente el costo y manténgase agarrado durante todo el viaje.

No fuerce el cambio

Cuando el Dr. Bobby Clinton enseña sobre el "Cambio de Dinámica" en el Seminario Teológico Fuller, él dice lo siguiente: "Una persona convencida contra su voluntad todavía es de la misma opinión." Pasar por alto la sabiduría de esta frase podría perturbarle después.

Estoy viviendo ahora en Ecuador con los resultados de los cambios forzosos que están perturbando a la Iglesia Católica Romana. Cuando los españoles invadieron la tierra hace 500 años, a los indios se les dio la opción de convertirse o morir. Por supuesto, ellos se convirtieron. Aunque estos indígenas se volvieron católicos oficialmente, simplemente cambiaron los nombres de sus deidades personales a los santos de la religión católica. Los conquistadores destruyeron los templos antiguos y construyeron sus iglesias en los mismos lugares. Hasta el día de hoy, estos lugares son sagrados para los indígenas. Están físicamente en la iglesia, pero no emocional o espiritualmente. Los informes indican que todo el país se convirtió hace 500 años al Catolicismo. Sin embargo el estado presente de los indígenas demuestra la veracidad de la declaración: "Una persona convencida contra su voluntad todavía es de la misma opinión."

No intente convertir a las personas inmediatamente contra su voluntad. Prepárelos bien y luego dispóngase para el largo proceso de cambio.

El cambio es un proceso complejo

Las iglesias están compuestas de innumerables, y a menudo, invisibles interacciones entre las personas, creencias y fuerzas externas. Las implicaciones de estos componentes actuando entre sí pueden tardar años para que se conozcan plenamente. La relación entre la causa y el efecto no siempre es obvia.

Las personas desean mantener el 'status quo' porque les ayuda a sentirse bien. Lyle Schaller dice: "Todas las organizaciones tienden a moverse en la dirección de re-definir su propósito en los términos del mantenimiento y supervivencia institucional. ... El cuidado y la alimentación de la organización, en lugar del servicio a la clientela."[1] En cuanto una organización o sistema comienza a mover, tiende a seguir de ese mismo modo. Las personas se ponen cómodas con sus tradiciones y modelos y siguen haciendo las cosas de la misma manera.

Cuatro pasos claves para cambiar

Paso Uno: crear la necesidad para el cambio

La mayoría de las personas recibe a Jesucristo como su Salvador durante un tiempo de crisis. Las circunstancias crean una necesidad, y la persona está abierta al Evangelio. Este es el contexto para el cambio: necesidad, confusión, desesperación. A menos que haya una necesidad para el cambio, las personas lo resistirán. Están satisfechos con el 'status quo'.

¿Existe la necesidad de un cambio en su iglesia? Algunas personas están satisfechas con el 'status quo'. Ellos se niegan a cambiar porque no ven la necesidad o simplemente lo pasan por alto. "Yo quiero conservar el mismo grupo de amigos y el mismo círculo de influencia," dicen inconscientemente. Esto es normal.

Muchas iglesias languidecen año tras año en el mismo estado desesperado de estancamiento. Van cojeando porque ciertas personas diligentemente guardan la puerta que se llama 'cambio'. Se niegan firmemente a permitir cualquier cambio que pudiera perturbar el 'status quo'. Es como calentar una rana en una sartén. La rana no se da cuenta del conflicto hasta que es demasiado tarde.

Los expertos nos dicen que las personas necesitan estar disgustadas con la situación presente antes que pueda haber cualquier cambio intencional, motivado internamente y dirigido. El agente de cambio se preocupa por resolver esta pregunta, "¿Hay alguna otra persona descontenta con la situación actual?"[2]

Bobby Clinton dice: "A menudo la primera tarea del agente de cambio es aumentar el descontento para abrir la puerta para el cambio intencional. Esto a veces puede sonarle de entrada al líder cristiano como algo que no es ético. Pero un cuidadoso análisis muestra que esta técnica es básicamente lo que se hace cuando un evangelista predica para convencer a los pecadores de su necesidad de la salvación de Dios."[3]

La manera comprobada de aumentar el descontento es cuando el Espíritu Santo de Dios revela la necesidad de volver a las normas del Nuevo Testamento - comunidad, servicio, sacerdocio de todos los creyentes, para nombrar algunas. Esto podría ocurrir por la predicación de la Palabra o pasando profundos tiempos de oración.

Otro enfoque es analizar los modelos de crecimiento de su iglesia completamente, áreas fuertes y débiles, y las proyecciones futuras. El análisis de 40 páginas que elaboró la Iglesia de la República en septiembre de 1997 creó la necesidad para el cambio. Desenterró la debilidad inherente de nuestro ministerio de la iglesia "sólo el domingo por la mañana". Comprendimos que nuestras estructuras no eran bíblicas. Perturbados por lo que vimos, nos sentimos atraídos al enfoque de la iglesia celular. En lugar de mostrar a su congregación sólo la visión para el futuro, explique cuáles fueron las malas decisiones que condujeron a la iglesia a su situación actual. Esto les dará una razón a las personas para seguir el proceso de cambio.

Paso Dos: realizar los cambios

En cuanto haya creado la necesidad para el cambio, actúe rápidamente. Usted tiene una ventana de oportunidad, pero no durará para siempre. Cuando volví a la Iglesia de la República, Dios había abierto la puerta para el cambio. Lo primero que me dijo el director celular era: "Realmente necesitamos ayuda." Se abrió una puerta tras otra, pero teníamos que actuar.

Paso Tres: prepararse para la reacción

Después de hacer los cambios, prepárese para contrarrestar las reacciones mixtas. A todos les gusta algo nuevo - por un poco de tiempo. Pero cuando llegan las dificultades, la tendencia es volver a lo ya conocido, lo establecido, lo tradicional. Así es la naturaleza humana.

Durante estos "tirones programáticos de la rodilla," las personas empiezan a comprender que el cambio les afectará en los detalles prácticos de su diario vivir. Entienden que el cambio les podría afectar la estructura de la Escuela Dominical o la habilidad de la iglesia para aceptar todos y cada uno de los programas. Algunos gritarán una cosa; otros gritarán otra. Esto es cuando se pone duro y usted tiene que aguantar por su vida hasta que los cambios estén congelados, es decir, que todos estén a bordo.

Al comenzar su ministerio celular, éste es joven y tierno. Concéntrese en él más bien que en dar una nueva dirección a sus energías para acomodar la última novedad. Esto es lo que hicimos en la Iglesia de la República, una y otra vez. Yo le escribí lo siguiente a un misionero colaborador:

> Sugiero que pongamos una moratoria para los programas nuevos durante 14 meses en nuestra iglesia. En 14 meses tendremos más de 100 células, por la gracia de Dios, y habremos empezado a establecer la filosofía celular como un estilo de vida en nuestra iglesia. Si luego de ese tiempo notamos áreas débiles en nuestra iglesia que requieren programas adicionales, podríamos integrarlos más prontamente con nuestra filosofía celular. Desde que llegué a Ecuador he tenido que combatir una multitud de programas bien intencionados personalmente: una nueva Escuela, un programa para adolescentes aparte de las células, un programa de asistencia social, Guardadores de Promesas, Evangelización explosivo, programa de Encuentros Matrimoniales, etc. La presión para agregar más programas ha venido de afuera y de dentro. Yo supongo que en lugar de disminuir, estas solicitudes y planes aumentarán.

Espere que el sistema establecido querrá volver atrás. Algunas personas que lo felicitarán con palmadas en la espalda durante las fases iniciales retrocederán de repente cuando usted deja de promover el programa favorito de ellos. El material de entrenamiento de TOUCH Outreach Ministries ofrece un valioso consejo: "Dé la bienvenida a la oposición inicial. La resistencia es una buena señal. ¡Significa que las personas entienden lo que usted está diciendo y están luchando con él!"[4]

A veces la resistencia no viene de una persona sino de la cultura de la iglesia tradicional en general, que no sabe manejar el cambio. Los miembros de las iglesias a menudo tratan con sus miedos reprimidos extendiendo su descontento por medio de la murmuración, y lo más probable es que usted no sabrá lo que está ocurriendo. Manténgase firme. La mayoría de los agentes de cambio que se rinden en el momento cuando están por lograr el éxito.[5]

Paso Cuatro: congelar los cambios

"Usted debe congelar los cambios para que los resultados permanezcan a largo plazo." Esta es la frase que yo recuerdo vivamente de la clase de Bobby Clinton sobre las "Dinámicas de Cambio". Los misioneros, por ejemplo, a menudo implementan programas que son abandonados por los paisanos en cuanto dejan el campo. Los cambios no se estabilizan ni llegan a formar parte del sistema natural. Si no hay ningún misionero para empujar el programa, no hay ningún programa. La estabilización de un cambio en un sistema es crucial.[6]

Después de que la excitación inicial se va, algunos miembros de la iglesia anhelarán las "cosas anteriores." Estas mismas personas podrían haber estado de acuerdo con los cambios al principio pero quizás no entendieron todas las implicaciones. Entonces empiezan a anhelar "las cosas como eran antes."

Piense que esto va a suceder, porque invariablemente pasará. Y no se rinda. Finalmente los cambios serán parte del sistema y se volverá un hábito. Por lo tanto, protegiendo esos cambios hasta que lleguen a ser parte de la cultura de la iglesia es esencial. Los que en un primer término le resistían empezarán a apoyarlo. Los cambios se volverán un estilo de vida para usted y para su iglesia. Usted percibirá el cambio permanente cuando los líderes se apropien de la innovación y estén supervisando su aplicación.

Conclusión

En los primeros tiempos de los largos viajes por mar, el escorbuto (una enfermedad que era el resultado de una deficiencia de vitamina C) mató a más marineros que la guerra, los accidentes, y todas las otras causas de muerte. En 1601, el Capitán James Lancaster de la armada británica dirigió un experimento para evaluar la efectividad del jugo de limón para prevenir el escorbuto en cuatro naves. Él les daba porciones diarias de jugo de limón a los hombres en una nave, mientras que los hombres a bordo de las otras tres naves no recibieron nada. Los que recibieron el jugo de limón permanecieron saludables; 110 de los 278 hombres en las otras tres naves murieron de escorbuto.

Los resultados eran tan evidentes que toda la armada británica adoptó la nueva cura inmediatamente. ¿Verdad? Lamentablemente, no se adoptó el "jugo cítrico" como la cura oficial para el escorbuto en los marinos británicos hasta 1795, (194 años después.) Parte de la resistencia provino de otros remedios que se ofrecían en ese tiempo. Baste decir que muchos factores impedían la total aceptación del remedio cítrico.[7]

A menudo la innovación se difunde despacio. Muchos factores, a veces inexplicables, contribuyen a esta resistencia. Trate tiernamente a los miembros de la iglesia cuando usted presenta la visión de la iglesia celular. Déles tiempo suficiente para procesar las ideas nuevas, y explique cuidadosamente cómo la iglesia celular beneficiará sus vidas. Lleva tiempo adoptar ideas nuevas, y siempre hay un potencial para el conflicto. Aprendiendo cómo manejar la dinámica de cambio le ayudará a trabajar a través del conflicto y establecer la filosofía de la iglesia celular como la nueva norma en su iglesia.

Capítulo Quince

Elija pasos concretos para llegar a ser una iglesia celular

Cuando mi esposa y yo llegamos a Costa Rica en abril de 1990, éramos tan verdes como pueden serlo los gringos. En lugar de decir, "Quisiera conocerte", yo decía, "Quisiera cocinarte" Algunos de mis errores en español más jocosos no se pueden repetir en público.

Empecé a aprender español cuando tenía 33 años. Me resultaba muy difícil ordenar los sonidos españoles extranjeros. Para compensar por mi falta de talento natural, yo tenía que estudiar hora tras hora. Como un niño, aprendí la importancia de seguir las reglas gramaticales, la lógica del idioma español. El tiempo que tomé al principio ha tenido un impacto duradero y a largo plazo en mi ministerio en Ecuador.

Usted puede ser tan inmaduro en la filosofía de la iglesia celular como yo lo era con el idioma español. Estudie cada uno de los pasos siguientes e impleméntelos uno por vez. Si usted ya es un profesional sazonado, concéntrese en los pasos que se aplican más a su propia situación.

Paso uno: asegúrese que el pastor principal está de acuerdo

Ni siquiera intente comenzar una iglesia celular a menos que el pastor principal esté totalmente involucrado. Muchos celosos creyentes no ordenados anhelan introducir cambios celulares, pero no funcionarán a menos que el pastor titular tome la responsabilidad. Un creyente no ordenado muy entusiasta podría convencer al pastor y a la iglesia de embarcarse en el ministerio celular. Y es posible que el cambio se afiance incluso, pero si el pastor principal no guía la transición, la iglesia será una iglesia con células. Las iglesias celulares requieren la participación total del pastor principal.

Por experiencia, he aprendido la sabiduría detrás del consejo de Cho: "Los ministros [los pastores titulares] deben comprometerse personalmente con los grupos pequeños. Ellos deben tener un conocimiento personal, un interés personal, y la dirección personal en el sistema de los grupos pequeños."[1]

Shane Crawford compartió cierta vez una ilustración excelente que describe el papel del pastor principal en la transición al paradigma de la iglesia celular. Él comparó la transición de la iglesia celular a un tren que cambia de una vía a otra. La máquina del tren (el pastor principal) es el primero que realiza el cambio de vía, y los vagones que siguen (líderes importantes) le siguen. Durante algún tiempo el tren está en la vía vieja (la iglesia con programas) y la nueva (la iglesia celular). Esto no es un problema porque los miembros están siguiendo al líder. Crawford termina diciendo: "La transición de la iglesia debe empezar con la máquina del tren (el pastor principal)."[2]

Paso dos: analice su iglesia

El auto-análisis es uno de los lugares principales donde las iglesias yerran el camino. Las personas necesitan entender la salud actual de su iglesia antes de pensar en realizar los cambios. Los líderes se entusiasman tanto por la visión de la iglesia celular que pierden de vista el hecho que el estado actual de su iglesia impide este tipo de transición. ¿Su iglesia es una iglesia que ora? ¿Los miembros están abiertos al cambio o se resisten a todas las innovaciones? ¿Su iglesia está orientada a la evangelización o está orientada mayormente al cuidado de sus miembros? Reflexione sobre estas preguntas cuando esté considerando realizar la transición al modelo celular. Identificar las barreras principales le facilitará la transición a la iglesia celular. Cuanto más saludable sea la iglesia, tanto más fácil será la transición. Pero si la iglesia no ha cambiado en 200 años y sólo ha querido ser alimentada y "sentir" el Espíritu, entonces el líder no debe esperar resultados inmediatos.

Una iglesia no puede mover de la 'A' a la 'C' sin pasar por la 'B'. Tampoco puede llegar a la 'C' sin conocer la 'A'. Entender dónde está ahora es un paso preliminar antes de introducir el cambio. Pensar en un cambio comienza con la visión de cómo está la situación ahora. Recién entonces podrá ver a dónde quiere llegar.

La transición de nuestra iglesia celular fue precedida por un análisis de la iglesia de 40 páginas. Analizamos nuestros modelos de crecimiento actuales y ministerios, tomando nota de nuestros puntos fuertes y de las debilidades. Este estudio ayudó para que todos pudieran ver las 'rajaduras' en nuestra infraestructura. Nos obligó a enfrentar los problemas en ciertas áreas claves, aunque habíamos estado creciendo continuamente en la asistencia los domingos por las mañanas. El análisis también nos preparó para las dificultades potenciales. Se nos hizo claro que como una iglesia con células, estábamos cayendo en un estado de "club dominical". El estudio reveló que debíamos cambiar nuestra estructura del personal, nuestro sistema de capacitación y otras áreas importantes. Después de ver estos hechos, los líderes claves subieron a bordo.

Este tipo de análisis no tiene que ser complicado. Yo recomiendo cuatro secciones:

1. El trasfondo de su iglesia, su historia y contexto,
2. Modelos de crecimiento, incluyendo las estadísticas de la asistencia, el número de miembros, las finanzas, etc., durante los últimos cinco a diez años,
3. La evaluación de los ministerios actuales, notando tanto los aspectos positivos y negativos,
4. Las recomendaciones de las metas de la futura iglesia celular a la luz de los números 1 al 3 (vea el Paso Cuatro en este capítulo para más detalles).

Debe recordar algunos principios mientras analiza su iglesia. Primero, que la oración sea su prioridad. Debe ser el fundamento de todo lo que hace. Sólo Él puede mostrarle exactamente lo que se necesita para una transición exitosa.

Segundo, su iglesia no tiene que cambiar su identidad particular para llegar a ser una iglesia celular. Usted no es la Iglesia Bautista Comunidad de Fe, el Centro de Oración Mundial Betania ni la Misión Carismática Internacional. Usted es quién es por el plan soberano de Dios. No tire los años de las cualidades positivas de su iglesia. Por ejemplo, ¿están orientados hacia las misiones? Afine esta característica por medio de su ministerio celular. ¿Tienen un fuerte programa de Educación Cristiana? Úselo para perfeccionar las células y la celebración de los niños. ¿Son conocidos por sus tareas sociales? Mejore este énfasis a través del ministerio de su iglesia celular.

Tercero, no piense que todo debe cambiar enseguida. Sólo cuando esté funcionando un sistema celular saludable querrá usted realizar cambios mayores de la estructura tradicional. Algunos de sus ministerios actuales pueden ser re-enfocados para apoyar la estructura celular en lugar de competir con ella. Es un error asumir que todos los programas están equivocados. Incluso la iglesia primitiva tenía algunos elementos "programáticos", como el programa de la distribución de la comida mencionado en Hechos 6 y el programa de ayuda contado en Hechos 11. Sin embargo, la mayoría de las iglesias deben eliminar muchos programas porque agotan la concentración de la energía, liderazgo y oración de la iglesia.

Paso tres: analice otras iglesias celulares

Tome tiempo para investigar antes de realizar los cambios. Usted tiene que saber cómo quiere ver su iglesia. Este libro y otros le ayudarán a prever la estructura que tendrá su iglesia celular en el futuro, pero si es posible, visite otras iglesias celulares.

Yo aconsejo a los pastores que HAGAN EL TIEMPO para asistir a una conferencia celular en el Centro de Oración Mundial Betania. ¿Por qué? Porque usted necesita ver una iglesia celular. Una cosa es oír hablar de las iglesias celulares; realmente es otra cosa ver y experimentar una.

Nuestro pastor titular en la Iglesia de la República, Porfirio Ludeña, cortésmente asintió a la transición de nuestra iglesia celular en las primeras etapas. Pero no captó la filosofía de la iglesia celular hasta que visitó la Misión Carismática Internacional. Volvió transformado. Después no podíamos detenerlo. Luego visitó la Iglesia Elim en El Salvador. Ver no siempre es creer, pero ciertamente es de ayuda.

El Centro de Oración Mundial Betania es la iglesia celular principal en el EEUU. Betania está en una posición de influencia por gran deseo de aprender de otras iglesias de rápido crecimiento alrededor del mundo. Betania ha enviado a sus líderes que captar los principios de las iglesias celulares en Colombia, El Salvador, Corea y Singapur. ¿Es de sorprenderse que más de 1,000 pastores asisten a los seminarios celulares anuales de Betania?

Una iglesia en Alaska gastó U$S 30,000 (treinta mil dólares americanos) para entrenar a su personal al principio de la transición de su iglesia celular. Esta iglesia no reparó en los gastos para capacitar al personal con el conocimiento y las habilidades necesarias para lograr una transición exitosa. Usted probablemente no gastará tanto; quizá gastará más. La clave está en la voluntad. ¿Usted quiere hacer lo que sea necesario para que funcione la transición de sus células?

Paso cuatro: tenga una clara visión de lo que quiere lograr

Los atletas famosos en el mundo frecuentemente prevén el acto final de sus eventos antes que suceda realmente. Ellos pasan dos veces por el evento: una vez en sus mentes como una manera de "verlo" perfectamente, y en segundo lugar sucede en la realidad. Ellos toman decisiones en el presente basados en ese evento previo. Estos atletas se disciplinan en el presente como resultado de su proyección mental hacia el futuro.

Igualmente, usted necesita prever el estado final de su transición de la iglesia celular antes de empezar. Necesita tener un cuadro claro del estado maduro. Esperar meramente que el resultado sea positivo no es suficiente; más bien, lo que se precisa es una "plantilla madura" y probada para que pueda seguirse a lo largo de todo el proceso.

Escriba cómo es la situación en este momento, y luego escriba cómo será la situación tal como la puede ver en el futuro (como parte de su análisis de la iglesia, explicado en el Paso Dos). Los líderes con la visión de Dios deben poder ver cómo será la situación ENTONCES. Los líderes que sueñan del ENTONCES pueden interpretar los acontecimientos presentes en los términos de este estado futuro, que ellos prevén como algo que ya sucedió. Ellos pueden vivir en la tensión de lo que será como si estuviera ocurriendo en el presente.

Paso cinco: gane apoyo construyendo las relaciones

Los expertos en las dinámicas de cambio aconsejan que el desarrollo de las relaciones es fundamental para todo el proceso de cambio. Las buenas ideas por sí solas raramente convencen a las personas de la necesidad de un cambio. Las relaciones con las personas son la clave. Si las personas que deben finalmente aceptar, adaptar o rechazar los cambios propuestos no creen en usted (el agente de cambio), también es probable que ellos rechacen los cambios propuestos. Usted debe, por consiguiente, construir las relaciones para establecer la credibilidad para los cambios que espera hacer.

Las personas son influenciadas por sus amistades, no por los expertos. Esto también es verdad para los que son muy educados. Si usted quiere influir en las personas y guiarlas al cambio deseado, hágase su amigo. Pase tiempo con ellos. Beba mucho café con dichas personas. Prepárese, porque va a tomar tiempo.

Hágase estas preguntas:
- ¿He comunicado amor y cuidado de la iglesia de forma consistente?
- ¿Los miembros se sienten auténticamente amados por mí?
- ¿Tengo un saldo a favor en la cuenta de las relaciones, o estoy 'en rojo'?[3]

Muchos pastores que han realizado la transición de sus iglesias con éxito empezaron el proceso con un gran saldo a favor en su cuenta del banco de relaciones. Guiar a las personas a través del cambio drena el saldo a favor. Si un pastor y su equipo de líderes están operando con un saldo negativo, deben realizar depósitos en la cuenta antes de la transición.

Edificar las relaciones es importante en todos los niveles y con todas las personas. Pero durante un tiempo de transición, es particularmente importante que los que mueven y los que despiertan a los creyentes en las iglesias apoyen el plan. Aunque Dios creó a todos los hombres iguales, algunos tienen más influencia que otros. Cada iglesia tiene varias personas con poder. Estos son los que mueven la política, a menudo detrás de las escenas. Sin su aprobación, no sucede gran cosa. Líder, quizá no le guste esto, pero usted tiene que vivir con ello. Usted debe ganar a estas personas para apoyar su filosofía de la iglesia celular para garantizar el éxito a largo plazo. Usted puede ganar algunas batallas sin ellos, pero no ganará la guerra. Así describía un líder su relación con las personas de poder: "Yo soy su líder, así que yo los sigo. En cuanto yo averiguo adónde quieren ir, encabezaré la fila así no pareceré malo."[4]

Tome la junta de su iglesia, por ejemplo. Si no están participando en las células, finalmente ellos van a hundir la nave. Cada líder clave debe abrazar la visión para realizar la transición con éxito. En la Iglesia de la República, las personas no pueden servir en la junta a menos que estén dirigiendo un grupo celular.

¿Pero qué sucede si esas personas de poder no han aceptado la visión? Primero, hable con ellos y hágales entender claramente cómo sería la iglesia si realiza la transición al modelo celular. Ralph Neighbour, hijo, recomienda llevar a estas personas a un retiro.[5] Estas personas de influencia podrían provenir de uno de los cinco grupos de agentes de cambio:

Los Innovadores: verdaderos agentes de cambio
Los Tempranamente Dispuestos: muy abiertos al cambio
La Mayoría Dispuesta: antes que el resto pero quieren una transición paulatina
La Mayoría Remolona: más tradicional y menos abierta al cambio
Los Rezagados: resisten el cambio

Si las personas de influencia están en el grupo de los Innovadores o de los Rápidamente Dispuestos, usted puede seguir adelante bastante rápidamente con los cambios; si están principalmente en el grupo de la Mayoría Dispuesta, usted debe proceder con cautela; si están entre la Mayoría Remolona o Rezagados, sería mejor no realizar la transición al modelo de la iglesia celular.[6]

Paso seis: empiece bien

Desconfíe de los libros de texto que le dicen EXACTAMENTE qué clase de modelo de transición debe usar en las primeras fases de su transición a la iglesia celular. Su situación es totalmente única. Y raramente funciona de la manera que dictan los textos. Piense como si usted estuviera escribiendo su propio libro de texto sobre la manera cómo empezar un ministerio de la iglesia celular en el futuro.

No existe ningún modelo simple que todos los pastores exitosos usan para realizar la transición. Mucho depende de su situación. ¿Está usted plantando una iglesia o está realizando la transición de una iglesia tradicional? ¿Tiene usted la autoridad como pastor o tiene que someter todo a su junta? ¿Es usted el fundador de su iglesia o el séptimo hombre desde arriba? Aquí están las dos rutas generales que las iglesias han usado al realizar la transición.

La posición "Déle con todo"

Menciono este modelo de transición porque he observado algunas iglesias que rompieron todas las reglas y lo hicieron de esta manera. Una palabra de cautela: Sólo unas pocas iglesias americanas han lanzado su ministerio celular con éxito de esta manera.

Las iglesias que llevaron a cabo el "Déle Con Todo" con éxito eran dirigidos por pastores fuertes, visionarios. Su autoridad y visión en la iglesia hicieron que su iglesia celular soñara una realidad. El Centro de Oración Mundial Betania, por ejemplo, empezó con 54 células a la vez, y en seis meses multiplicó a 108.[7] Sí, el Pastor Larry preparó a estos líderes de antemano, pero trazó su propio curso. Digamos también que pocos pastores tienen la autoridad de Larry Stockstill. Su pueblo se somete a su liderazgo.

Jerry Smith, el pastor titular del Centro Cristiano en Guayaquil, Ecuador (2,000 grupos celulares), empezó con 16 grupos a la vez en 1991 y en menos de un año creció a 90. En 1993 había 288 grupos celulares. El Pastor Smith es uno que corre el riesgo. Él intenta lograr grandes cosas para Dios y espera grandes cosas de Dios.

El Pastor Sergio Solórzano, el fundador de la Iglesia Elim en San Salvador, fue más radical todavía. Él volvió de visitar la iglesia de Cho en 1985 y estaba tan encendido por el ministerio celular que inmediatamente cerró todas las 25 iglesias hijas alrededor de San Salvador para crear una iglesia celular madre, grande. Ya en 1991, la asistencia a los grupos celulares había crecido a 57,000 con un alto porcentaje asistiendo a los cultos de celebración del domingo.

Hay notorias similitudes en los ejemplos anteriores:

• El pastor titular era el fundador y el líder incuestionable y gozaba en sumo grado de la buena voluntad de su pueblo.[8]
• El pastor titular hizo su tarea de antemano (normalmente visitando una iglesia celular) y entendió el ministerio de la iglesia celular.
• El pastor titular preparó a los líderes claves antes de empezar la transición.
• La visión de la iglesia celular fue comunicada eficazmente al resto de la iglesia.
• La iglesia ya era bastante saludable antes de empezar la transición.

La posición del grupo modelo

En esta postura se empieza de abajo y luego se edifica exponencialmente. Comienza con un prototipo, que según el diccionario es "un tipo, forma, o instancia original que sirve como un modelo sobre la cual están basadas las etapas posteriores." El primer grupo modelo es dirigido por el pastor titular de la iglesia. Generalmente incluye los miembros del personal y las personas de influencia claves en la iglesia.

Hace poco se me acercó un pastor y me preguntó: "¿Vendría usted a nuestra iglesia para realizar un seminario sobre el ministerio celular? Somos una iglesia de 30 años que ha estado en un incesante estado de declive. Después de leer su manual, estoy convencido que las células son la solución." Me di cuenta de la sinceridad y hasta cierta desesperación en su voz, pero también supe que un seminario celular no resolvería los males de la iglesia. Así que le dije: "Reúna los 10 líderes voluntariosos que usted ya ha reclutado en un pequeño grupo modelo. Dirija este grupo por lo menos durante tres meses, para que todos experimenten los valores de la célula. Mientras tanto, predique los valores celulares a la congregación. Prepare a la iglesia. Después de que usted haya modelado la vida celular para esos 10, y ellos lancen sus propios grupos celulares, tendré el gusto de enseñar un seminario celular en su iglesia."

Yo invité a este pastor titular a asistir a mi grupo celular mientras él estaba dirigiendo a esos 10 futuros líderes. ¿Por qué? Para que él también pudiese experimentar la vida de la célula. La mayoría de los líderes de las iglesias tradicionales no entiende los valores de la célula. Ellos nunca han dirigido un grupo celular. Lanzar un ministerio celular sin experimentar la vida de la célula conduciría a la iglesia cuesta abajo por un mal camino.

La Postura del Grupo Modelo dice que el ministerio del pequeño grupo es mejor captado que enseñado. En lugar de empezar la transición enseñando a las personas sobre el ministerio celular, esta postura les permite a los líderes experimentar el ministerio celular primero. Luego esos primeros líderes imparten lo que ellos han experimentado en un grupo pequeño a otros en la iglesia. William Beckham dice: "El líder principal debe modelar la comunidad en la que él espera que todos los demás vivan. Si los líderes no tienen el tiempo para vivir juntos en la vida celular, ¿cómo pueden esperar que sus miembros lo hagan?[9]

Los errores cometidos en la fase del prototipo se corrigen más fácilmente antes de que se extiendan por todo un sistema de grupos. Los líderes claves son parte del proceso del principio, haciendo que sea más probable que ellos apoyen el ministerio de los pequeños grupos activamente. Si el grupo prototipo no practica la evangelización, tampoco lo harán los grupos resultantes. Si los líderes del grupo prototipo no modelan el desarrollo del liderazgo, tampoco lo harán los otros líderes.

Dale Galloway, por ejemplo, empezó su iglesia de pequeños grupos formando y dirigiendo el grupo inicial en su casa. Fuera de ese grupo inicial, él entrenó a los líderes para los siguientes grupos que pasaron la visión a los nuevos líderes.[10] Jesús también empezó formando Su propia célula prototipo. Pasó años desarrollando el modelo. No se podía dar el lujo de fracasar.

Aunque Cho tiene una iglesia de más de 700,000 miembros, él aconseja a los pastores nuevos de la iglesia celular que empiecen desde abajo: "Tome una docena de líderes no ordenados claves y entrénelos como líderes de células. Luego hágales formar sus propias reuniones celulares en los hogares, y supervíselos cuidadosamente durante seis u ocho meses. Una vez que este grupo de células ha empezado a llevar fruto, será el tiempo de involucrar a toda la iglesia."[11]

Después de un cierto tiempo, el grupo prototipo libera los miembros originales como líderes de sus propios grupos. ¿Cuánto tiempo pasa antes que esto suceda? Yo recomiendo entre tres y seis meses.[12] Lo importante es que usted tenga una fecha, una meta para su célula de líderes originales para multiplicar. Antes de entrar en la célula modelo del pastor titular, todos los líderes potenciales deben comprometerse a dirigir su propio grupo celular en un período de tres a seis meses.

Paso siete: termine bien

Mientras se está desarrollando el prototipo, el pastor empieza predicando y enseñando sobre los valores y la visión del ministerio celular. Él prepara a la congregación para el proceso de cambio proclamando los valores del reino para todos los creyentes.

En algún punto, comience un seminario celular para que el resto de la iglesia se involucre con la estrategia de la iglesia celular. Este seminario servirá como un semillero para los futuros líderes celulares. Los que están en el seminario asistirán a los grupos nuevos comenzados por los miembros del grupo prototipo.[13]

Mientras progresa en la transición de la iglesia celular, siga las pautas propuestas en este libro:

- Concéntrese en su ministerio celular ante la competencia de otros programas (Capítulo 8);
- Desarrolle su sistema de supervisión y apoyo (Capítulo 10);
- Establezca un sistema de capacitación para entrenar a los nuevos lí-

deres (Capítulo 11);
- Ponga a punto su iglesia celular prestando atención a los detalles (Capítulo 12);
- Provea un culto de celebración de primera clase (Capítulo 13).

Conclusión

Deseo + preparación = una transición exitosa. Medite en los principios trazados en este capítulo, analice la situación particular de su iglesia y haga uso de la creatividad que Dios le ha dado.

Los rascacielos captan nuestra atención debido a su inmensidad y belleza, pero la mayoría de nosotros piensa poco sobre sus cimientos. Pero los arquitectos y los obreros de la construcción les dan mucha consideración y tiempo.

Líder cristiano, ore y piense cuidadosamente sobre los cimientos de su iglesia celular. Prepare los cimientos, haga su tarea, y así tendrá éxito.

Capítulo Dieciséis

Aprenda de Marcos Mcgwire

Era una pelota de béisbol de un millón de dólares. La encontró Tim Forneris, un miembro del equipo que trabajaba en el lado izquierdo del campo en las gradas. La policía estaba cerca para proteger a cualquiera que la encontrara. Los informes publicados dijeron que la pelota podría valer tanto como $2 millones de dólares para los coleccionistas.

¿Qué tenía de especial esta pelota de béisbol? Mark McGwire la había lanzado. Con ese golpe, su 'home-run' número 62, McGwire hizo caer el 'home-run' récord mantenido por Roger Maris de 37 años. Babe Ruth había mantenido el récord previamente durante 34 años. "Era una dulce, dulce, corrida alrededor de las bases," dijo McGwire cuando finalizó el juego. "Le diré que durante la última semana y media mi estómago ha estado dando vueltas, mi corazón ha estado latiendo un millón de millas por minuto."

Mark McGwire, como el resto de nosotros, empezó de pequeño. Él no llegó a ser un rey del 'home-run' en una noche. Él comenzó su entrenamiento en las Pequeñas Ligas, donde aprendió a girar el bate y ejecutar las bases. Pero mientras perseveraba y seguía los principios probados durante mucho tiempo, McGwire hizo 70 'home-runs' en una estación y así sobrepasó el récord más apreciado del béisbol.

La mayoría de ustedes no han llegado a las ligas mayores - todavía. Mientras leía sobre las iglesias celulares renombradas del mundo que constantemente están rompiendo récords, recuerde que todas estas iglesias empezaron en las ligas menores. Ellos experimentaron, probaron y aprendieron de otros, y lo continúan haciendo así. Siga sus principios, pero tendrá que empezar desde el principio, en las ligas menores.

La gente está entusiasmada sobre el modelo celular porque funciona, proporcionando el mayor crecimiento de la iglesia sin sacrificar la calidad. Al igual que la iglesia primitiva que daba énfasis a la célula y a la celebración, las iglesias celulares de hoy día crecen exponencialmente y sin detenerse.

Para experimentar resultados similares, usted debe cavar profundamente y construir cimientos fuertes. Empiece ahora a poner las bases que servirán para su iglesia celular en el futuro. Preste atención a los detalles. Confíe en el Espíritu de Dios por medio de la oración. Recuerde siempre que las células dinámicas crecen en un ambiente nutritivo. Mientras prepara bien a sus líderes, pone especial cuidado en su estructura y se concentra en el ministerio celular, usted empezará a ver frutos similares.

Dios desea que su iglesia crezca tanto en calidad como en cantidad. No es Su voluntad que nadie perezca, pero desea que todos puedan llegar al arrepentimiento y recibir las Buenas Noticias del Evangelio. Dios usará su iglesia para recoger la cosecha. Su iglesia puede crecer porque Dios lo desea.

Conclusión

Deseo + preparación = una transición exitosa. Medite en los principios trazados en este capítulo, analice la situación particular de su iglesia y haga uso de la creatividad que Dios le ha dado.

Los rascacielos captan nuestra atención debido a su inmensidad y belleza, pero la mayoría de nosotros piensa poco sobre sus cimientos. Pero los arquitectos y los obreros de la construcción les dan mucha consideración y tiempo.

Líder cristiano, ore y piense cuidadosamente sobre los cimientos de su iglesia celular. Prepare los cimientos, haga su tarea, y así tendrá éxito.

Recursos de Joel Comiskey

Se puede conseguir todos los libros listados de
"Joel Comiskey Group" llamando al
1-888-511-9995
por hacer un pedido por Internet en
www.joelcomiskeygroup.com
joelcomiskeyinfo@jgmail.com

Como dirigir un grupo celular con éxito:
para que las personas quieran regresar

¿Anhela la gente regresar a vuestras reuniones de grupo cada semana? ¿Os divertís y experimentáis gozo durante vuestras reuniones? ¿Participan todos en la discusión y el ministerio? Tú puedes dirigir una buena reunión de célula, una que transforma vidas y es dinámica. La mayoría no se da cuenta que puede crear un ambiente lleno del Señor porque no sabe cómo. Aquí se comparte el secreto. Esta guía te mostrará cómo:

- Prepararte espiritualmente para escuchar a Dios durante la reunión
- Estructurar la reunión para que fluya
- Animar a las personas en el grupo a participar y compartir abiertamente sus vidas
- Compartir tu vida con otros del grupo
- Crear preguntas estimulantes
- Escuchar eficazmente para descubrir lo que pasa en la vida de otros
- Animar y edificar a los demás miembros del grupo
- Abrir el grupo para recibir a los no-cristianos
- Tomar en cuenta los detalles que crean un ambiente acogedor.

Al poner en práctica estas ideas, probadas a través del tiempo, vuestras reuniones de grupo llegarán a ser lo más importante de la semana para los miembros. Van a regresar a casa queriendo más y van a regresar cada semana trayendo a personas nuevas con ellos. 140 páginas.

La explosión de los grupos celulares en los hogares; Cómo su grupo pequeño puede crecer y multiplicarse

Este libro cristaliza las conclusiones del autor en unas 18 áreas de investigación, basadas en un cuestionario meticuloso que dio a líderes de iglesias celulares en ocho países alrededor del mundo—lugares que él personalmente visitó para la investigación. Las notas detalladas al fin del libro ofrecen al estudiante del crecimiento de la iglesia celular una rica mina a seguir explorando. Lo atractivo de este libro es que no sólo resume los resultados de su encuesta en una forma muy convincente sino que sigue analizando, en capítulos separados, muchos de los resultados de una manera práctica. Se espera que un líder de célula en una iglesia, una persona haciendo sus prácticas o un miembro de célula, al completar la lectura de este libro fácil de leer, ponga sus prioridades/valores muy claros y listos para seguirlos. Si eres pastor o líder de un grupo pequeño, ¡deberías devorar este libro! Te animará y te dará pasos prácticos y sencillos para guiar un grupo pequeño en su vida y crecimiento dinámicos. 175 páginas.

Apéndice: Recursos de Joel Comiskey | **171**

Una cita con el Rey:
Ideas para arrancar tu vida devocional

Con agendas llenas y largas listas de cosas por hacer, muchas veces la gente pone en espera la meta más importante de la vida: construir una relación íntima con Dios. Muchas veces los creyentes quieren seguir esta meta pero no saben como hacerlo. Se sienten frustrados o culpables cuando sus esfuerzos para tener un tiempo devocional personal parecen vacíos y sin fruto. Con un estilo amable y una manera de escribir que da ánimo, Joel Comiskey guía a los lectores sobre cómo tener una cita diaria con el Rey y convertirlo en un tiempo emocionante que tienes ganas de cumplir. Primero, con instrucciones paso-a-paso de cómo pasar tiempo con Dios e ideas prácticas para experimentarlo con más plenitud, este libro contesta la pregunta, "¿Dónde debo comenzar?". Segundo, destaca los beneficios de pasar tiempo con Dios, incluyendo el gozo, la victoria sobre el pecado y la dirección espiritual. El libro ayudará a los cristianos a hacer la conexión con los recursos de Dios en forma diaria para que, aún en medio de muchos quehaceres, puedan caminar con él en intimidad y abundancia. 175 páginas.

Recoged la cosecha;
Como el sistema de grupos pequeños puede hacer crecer su iglesia

¿Habéis tratado de tener grupos pequeños y habéis encontrado una barrera? ¿Os habéis preguntado por qué vuestros grupos no producen el fruto prometido? ¿Estáis tratando de hacer que vuestros grupos pequeños sean más efectivos? El Dr. Joel Comiskey, pastor y especialista de iglesias celulares, estudió las iglesias celulares más exitosas del mundo para determinar por qué crecen. La clave: han adoptado principios específicos. En cambio, iglesias que no adoptan estos principios tienen problemas con sus grupos y por eso no crecen. Iglesias celulares tienen éxito no porque tengan grupos pequeños sino porque los apoyan. En este libro descubriréis cómo trabajan estos sistemas. 246 páginas.

La Explosión de la Iglesia Celular: *Cómo Estructurar la Iglesia en Células Eficaces* (Editorial Clie, 2004)

Este libro se encuentra sólo en español y contiene la investigación de Joel Comiskey de ocho de las iglesias celulares más grandes del mundo, cinco de las cuales están en Latinoamérica. Detalla cómo hacer la transición de una iglesia tradicional a la estructura de una iglesia celular y muchas otras perspicacias, incluyendo cómo mantener la historia de una iglesia celular, cómo organizar vuestra iglesia para que sea una iglesia de oración, los principios más importantes de la iglesia celular, y cómo levantar un ejército de líderes celulares. 236 páginas.

Grupos de doce; Una manera nueva de movilizar a los líderes y multiplicar los grupos en tu iglesia

Este libro aclara la confusión del modelo de Grupos de 12. Joel estudió a profundidad la iglesia Misión Carismática Internacional de Bogotá, Colombia y otras iglesias G12 para extraer los principios sencillos que G12 tiene para ofrecer a vuestras iglesias. Este libro también contrasta el modelo G12 con el clásico 5x5 y muestra lo que podéis hacer con este nuevo modelo de ministerio. A través de la investigación en el terreno, el estudio de casos internacionales y la experiencia práctica, Joel Comiskey traza los principios del G12 que vuestra iglesia puede ocupar hoy. 182 páginas.

De doce a tres: Cómo aplicar los principios G12 a tu iglesia

El concepto de Grupos de 12 comenzó en Bogotá, Colombia, pero ahora se ha extendido por todo el mundo. Joel Comiskey ha pasado años investigando la estructura G12 y los principios que la sostienen. Este libro se enfoca en la aplicación de los principios en vez de la adopción del modelo entero. Traza los principios y provee una aplicación modificada que Joel llama G12.3. Esta propuesta presenta un modelo que se puede adaptar a diferentes contextos de la iglesia.

La sección final ilustra como implementar el G12.3 en diferentes tipos de iglesias, incluyendo plantaciones de iglesias, iglesias pequeñas, iglesias grandes e iglesias que ya tienen células. 178 páginas.

Explosión de liderazgo; Multiplicando líderes de células para recoger la cosecha

Algunos han dicho que grupos celulares son semilleros de líderes. Sin embargo, a veces, aún los mejores grupos celulares tienen escasez de líderes. Esta escasez impide el crecimiento y no se recoge mucho de la cosecha. Joel Comiskey ha descubierto por qué algunas iglesias son mejores que otras en levantar nuevos líderes celulares. Estas iglesias hacen más que orar y esperar nuevos líderes. Tienen una estrategia intencional, un plan para equipar rápidamente a cuantos nuevos líderes les sea posible. En este libro descubriréis los principios basados de estos modelos para que podáis aplicarlos. 202 páginas.

Elim; Cómo los grupos celulares de Elim penetraron una ciudad entera para Jesús

Este libro describe como la Iglesia Elim en San Salvador creció de un grupo pequeño a 116.000 personas en 10.000 grupos celulares. Comiskey toma los principios de Elim y los aplica a iglesias en Norteamérica y en todo el mundo. 158 páginas.

Cómo ser un excelente asesor de grupos celulares; Perspicacia práctica para apoyar y dar mentoría a lideres de grupos celulares

La investigación ha comprobado que el factor que más contribuye al éxito de una célula es la calidad de mentoría que se provee a los líderes de grupos celulares. Muchos sirven como entrenadores, pero no entienden plenamente qué deben hacer en este trabajo. Joel Comiskey ha identificado siete hábitos de los grandes mentores de grupos celulares. Éstos incluyen: Animando al líder del grupo celular, Cuidando de los aspectos múltiples de la vida del líder, Desarrollando el líder de célula en varios aspectos del liderazgo, Discerniendo estrategias con el líder celular para crear un plan, Desafiando el líder celular a crecer.

En la sección uno, se traza las perspicacias prácticas de cómo desarrollar estos siete hábitos. La sección dos detalla cómo pulir las destrezas del mentor con instrucciones para diagnosticar los problemas de un grupo celular. Este libro te preparará para ser un buen mentor de grupos celulares, uno que asesora, apoya y guía a líderes de grupos celulares hacia un gran ministerio. 139 páginas.

Cinco libros de capacitación

   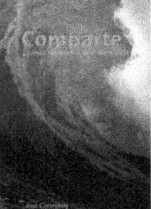 

Los cinco libros de capacitación son diseñados a entrenar a un creyente desde su conversión hasta poder liderar su propia célula. Cada uno de estos cinco libros contiene ocho lecciones. Cada lección tiene actividades interactivas que ayuda al creyente reflexionar sobre la lección de una manera personal y práctica.

Vive comienza el entrenamiento con las doctrinas básicas de la fe, incluyendo el baptismo y la santa cena.

Encuentro guíe un creyente a recibir libertad de hábitos pecaminosos. Puede usar este libro uno por un o en un grupo.

Crece explica cómo tener diariamente un tiempo devocional, para conocer a Cristo más íntimamente y crecer en madurez.

Comparte ofrece una visión práctica para ayudar a un creyente comunicar el evangelio con los que no son cristianos. Este libro tiene dos capítulos sobre evangelización a través de la celula.

Dirige prepare a un cristiano a facilitar una célula efectiva. Este libro será bueno para los que forman parte de un equipo de liderazgo en una célula.

Dos libros de capacitación avanzado

Entrene provee los principios claves de cómo capacitar a un líder celular a conducir su grupo con mucho fruto. Este libro no es solamente para los que están empezando su ministerio de entrenamiento. También es para los que han estado entrenando a otros por muchos años. Es un gran recurso para uso individual, en grupos pequeños, o en un salón de clases. Al final del libro hay una sección para que un entrenador pueda guiar a otra persona o personas a través de los contenidos de este libro.

Descubre no sólo le guiará para encontrar su propio don espiritual, pero le ayudará a discernir los dones de los demás. Este libro será especialmente útil para los líderes de células para activar a los dones espirituales en cada miembro. Los ocho lecciones ofrecen una visión bíblica de lo que los dones espirituales son y sugerencias prácticas sobre cómo usarlos.

Plantando Iglesias que Reproducen
Este libro explica claramente cómo plantar iglesias lo suficientemente sencillas como para continuar reproduciéndose e incluso llegar a ser un movimiento de iglesias. Plantando Iglesias que se Reproducen es fruto del extenso trabajo de investigación de Comiskey y de su experiencia personal (tres iglesias plantadas en una variedad de contextos). Comiskey no sólo usa las últimas estadísticas de Norteamérica sobre fundación de iglesias, sino también incluye ejemplos de iglesias plantadas alrededor del mundo. Por encima de todo, este libro ofrece soluciones prácticas para quienes plantan iglesias hoy. Leer el libro de Comiskey es imperativo para los que se interesan en comenzar iglesias que se multiplican honrando a Cristo.

El Discípulo Relacional: Como Dios Usa La Comunidad para Formar a los Discípulos de Jesús

Jesús vivió con sus discípulos por tres años enseñándoles lecciones de vida en grupo. Luego de tres años les mandó que "fueran e hicieran lo mismo" (Mateo 28:18-20). Jesús á cómo hacerlo. La vida de aislamiento de la cultura occidental de hoy crea un deseo por vivir en comunidad y el mundo entero anhela ver discípulos relacionales en acción. Este libro alentará a los seguidores de Cristo a permitir que Dios use las relaciones naturales de la vida: familia, amigos, compañeros de trabajo, células, iglesia y misiones para moldearlos como discípulos relaciones.

El Grupo Celular Lleno del Espíritu: Haz Que Tu Grupo Experimente Los Dones Espirituales

El centro de atención de muchos grupos celulares hoy en día ha pasado de ser una transformación dirigida por el Espíritu a ser simplemente un estudio bíblico. Pero utilizar los dones espirituales de todos los miembros del grupo es vital para la eficacia del grupo. Con una perspectiva nacida de la experiencia de más de veinte años en el ministerio de grupos celulares, Joel Comiskey explica cómo tanto los líderes como los participantes pueden ser formados sobrenaturalmente para tratar temas de la vida real. Pon estos principios en práctica y ¡tu grupo celular nunca será el mismo!

Mitos y Verdades de la Iglesia Celular: Principios Claves que Construyen o Destruyen un Ministerio Celular

La mayor parte del movimiento de la iglesia celular de hoy en día es dinámico, positivo y aplicable. Como ocurre con la mayoría de los esfuerzos, los errores y las falsas suposiciones también surgen para destruir un movimiento que es en realidad sano. Algunas veces estos falsos conceptos han hecho que la iglesia se extravíe por completo. En otras ocasiones condujeron al pastor y a la iglesia por un callejón sin salida y hacia un ministerio infructuoso. Sin tener en cuenta cómo se generaron los mitos, estos tuvieron un efecto escalofriante en el ministerio de la iglesia. En este libro, Joel Comiskey aborda estos errores y suposiciones falsas, ayudando a pastores y líderes a desenredar las madejas del legalismo que se han escabullido dentro del movimiento de la iglesia celular. Joel luego dirige a los lectores a aplicar principios bíblicos probados a través del tiempo, los cuales los conducirán hacia un ministerio celular fructífero.

Fundamentos Bíblicos para la Iglesia Basada en Células: Percepciones del Nuevo Testamento para la Iglesia del Siglo Veintiuno

¿Por qué la iglesia celular? ¿Es porque la iglesia de David Cho es una iglesia celular y sucede que es la iglesia más grande en la historia del cristianismo? ¿Es porque la iglesia celular es la estrategia que muchas "grandes" iglesias están usando? La verdad es que la Biblia es el único fundamento sólido para cualquier cosa que hagamos. Sin un fundamento bíblico, no tenemos un fuerte apuntalamiento en el que podamos colgar nuestro ministerio y filosofía.

En Fundamentos Bíblicos para la Iglesia Basada en Células, el Dr. Comiskey establece la base bíblica para el ministerio de grupos pequeños. Comiskey primero examina la comunidad dentro de la Trinidad y la estructura familiar del grupo pequeño en el Antiguo Testamento. Luego explora cómo Jesús implementó la nueva familia de Dios a través de las comunidades estrechamente unidas que encontramos en las iglesias en las casas. Comiskey luego cubre ampliamente cómo la iglesia primitiva se reunía en las casas, levantó liderazgos desde el interior y reunió a las iglesias en las casas para celebrar. El libro concluye exponiendo cómo las iglesias pueden aplicar de manera práctica los principios bíblicos encontrados en este libro.

2000 Años de Grupos Pequeños

Este libro es una crónica sobre el Grupo Pequeño o Movimiento Celular, partiendo de la época de Jesús hasta llegar a la explosión celular en los tiempos modernos. Comiskey destaca las fortalezas y debilidades de estos movimientos históricos de grupos pequeños, y aplica estos principios a la iglesia actual. Crecerás en gratitud y en entendimiento de los valores clave de las células a causa de aquellos pioneros que allanaron el camino. También aprenderás a apreciar a esos líderes que estremecieron al mundo y que se enfrentaron con mayores obstáculos que los que nos enfrentamos en la actualidad al implementar grupos pequeños. Y así como ellos encontraron soluciones en medio de la persecución y la prueba, Dios te ayudará a perseverar, a encontrar soluciones, y finalmente llevar fruto abundante para su reino y gloria.

Los Niños en el Ministerio Celular: Discipulando a la Futura Generación, ¡Ya!

En este innovador libro, Joel Comiskey desafía a pastores y a líderes a ir más allá de simplemente educar niños para formarlos en discípulos que hacen discípulos. Comiskey establece la base bíblica para el ministerio de niños, y luego anima a los pastores y líderes a formular su propia visión y filosofía para el ministerio de niños basado en el texto bíblico. Comiskey destaca cómo discipular a niños, tanto en el grupo grande como en el pequeño. Rápidamente pasa a ejemplos prácticos de grupos celulares intergeneracionales, y a la efectividad con la que las iglesias celulares han implementado este tipo de grupo. Posteriormente, escribe sobre grupos celulares sólo para niños, citando muchos ejemplos prácticos de algunas de las iglesias celulares más efectivas del mundo. Comiskey cubre los temas del equipamiento para niños, cómo equipar a los padres, y sobre los errores cuando se trabaja con niños en la iglesia celular. Esta es una lectura obligatoria para todos aquellos que quieran ministrar a niños, tanto en grupos grandes como en pequeños

Los Jóvenes en el Ministerio Celular: Discipulando a la Próxima Generación, ¡Ya!

Si queremos tener una iglesia victoriosa mañana, debemos enfocarnos en los jóvenes hoy. Comiskey escribe acerca de hacer discípulos de la próxima generación ahora. El autor analiza lo que está sucediendo hoy en el ministerio juvenil y establece su base bíblica. Comiskey pone en relieve las necesidades más sentidas de los jóvenes hoy, que incluyen la espiritualidad, las relaciones y el involucramiento. A continuación muestra las razones por las que estas necesidades pueden ser mejor atendidas en grupos celulares pequeños que también participan en una reunión de jóvenes más grande.

Células Exitosas: *8 Hallazgos Sorprendentes sobre Grupos Celulares que Florecen*

¿Por qué algunas células son dinámicas, atractivas y respiran la vida de Cristo? ¿Por qué otras células se estancan y cierran? En este revolucionario libro, Joel Comiskey y Jim Egli describen ocho sorpresas descubiertas sobre las células que son exitosas, a partir de su investigación realizada a 4,800 participantes de células en cuatro continentes. Los autores exponen sobre las suposiciones comunes en torno a los grupos celulares y ofrecen consejos prácticos a los miembros y líderes de células para ayudarles a que estas sean exitosas. El libro cubre temas tales como la participación en las células, la influencia que ejerce la comida, la adoración, y cómo las células exitosas alcanzan efectivamente a otros para Jesucristo. Lee este libro si deseas que tu grupo celular sea más sano y florezca con una nueva vida..

Notas

Introducción
1. "El Tabernáculo de Reunión Impreso" (mayo-agosto de 1997). Este artículo fue publicado en la revista 'Joy' (julio 1997), 4. 'Joy' es la revista oficial de las Asambleas de Dios en Gran Bretaña e Irlanda y se somete con el permiso para su publicación en Internet obtenida de Pedro Wreford, el editor (editor.newlife@hertz.ukonline.co.uk) el 31 de julio de 1997. Oficina editorial: New Life Publishing Co., PO Box 64, Rotherham, South Yorkshire S60 2YT.
2. Ralph Winter citado en "Christianity Waning or Growing" (La Declinación o el Crecimiento del Cristianismo) de Rick Wood, el Boletín de las Fronteras de la Misión, (enero-febrero de 1993), 25.
3. Los Ángeles Times, 2 de marzo de 1996, Sec. B, págs. 4-5, citados en Alan McMahan, "Church Resource Ministry's Refocusing Networks as a Systemic Church Growth Intervention" (Las Redes para el Reenfoque del Ministerio de los Recursos de la Iglesia como una Intervención Sistémica del Crecimiento de la Iglesia), (Ph.D. tutorial, Seminario Teológico Fuller, 1996), 37-38.
4. Ralph W. Neighbour, hijo, "Introductory Cell Church Seminar" (Seminario Introductorio de la Iglesia Celular), presentado en Miami, FL,1996 (TOUCH Outreach Ministries, Houston, TX), "Por qué el Espíritu Santo ha Lanzado el Movimiento de la Iglesia Celular," 2-3.
5. Christian A. Schwarz, "Desarrollo Natural de la Iglesia" (Carol Stream, IL,: ChurchSmart Resources,1996), 32.
6. Las cifras de 35,000+ adoradores y 20,000 grupos celulares sólo se aplican a la iglesia madre. Hay otros 10,000 adoradores adicionales y 7,000 grupos celulares en las 12 iglesias satélites alrededor de Bogotá, ascendiendo así a 45,000 adoradores y 27,000 grupos celulares.
7. Aproximadamente 155,000 asisten a la iglesia madre el domingo. Otras 100,000 personas adicionales asisten a las 14 iglesias satélites en la IPEY en diferentes partes de Seoul, Corea. La cifra de 155,000 incluida en el organigrama porque los 25,000 grupos celulares sólo operan en la iglesia madre. No se conoce cuantas células funcionan en las 14 iglesias anexas (las estadísticas oficiales en IPEY mencionan sólo los 25,000 grupos celulares de la iglesia madre).

Capitulo 1
1. Richard Halverson, grabación de audio del mensaje, "World Relief", 1987.
2. Idem.

3. C. Kirk Hadaway, Francis M. DuBose, y Stuart A. Wright, "Home Cell Grupos and House Churches" Grupos Celulares en los Hogares e Iglesias en las Casas (Nashville, TN,: Broadman Press, 1987), 211.
4. C. Pedro Wagner, "Leading Your Church to Growth" (Guiando a Su Iglesia hacia el Crecimiento) (Ventura, CA,: Regal Books, 1984), 20-21.
5. Donald McGavran,"Crecimiento de la Iglesia Comprensivo", ed 3. (Gran Rapids, MI: William Eerdmans Publishing Company, 254.
6. Thomas Rainer, "The Book of Church Growth" (El Libro del Crecimiento de la Iglesia (Nashville, TN,: Broadman Press, 1993), 254.
7. Idem., 260-261.
8. Schwarz, 32.

Capitulo 2

1. David Yonggi Cho, "Church Growth and the Home Cell System" (El Crecimiento de la Iglesia y el Sistema Celular en los Hogares, P.L. Kannaday, ed,: (Seoul, Corea,: Church Growth International, 1995), 22.
2. Antes de visitar IPEY, seguí el rastro de la influencia de IPEY en otras siete iglesias celulares en el resto del mundo. Todos ellos fueron impactados directamente por el Pastor David Cho.
3. La Iglesia del Pleno Evangelio Yoido, folleto, La Conferencia Internacional del Crecimiento de la Iglesia, Año 16º, (Seoul, Corea,: International Church Growth, 1997), 2.
4. IPEY no usa los términos "pastor de zona" y "pastor de distrito." Simplemente los llaman los líderes del sub-distrito. También me dijeron que IPEY intenta minimizar la distinción entre el pastor de distrito y los pastores del sub-distrito.
5. Esta iglesia ha aumentado mi comprensión de las capacidades de organización de los latinoamericanos. El genio de la organización de IE no es el resultado de la influencia norteamericana. No descubrí dicha influencia en el Pastor Sergio ni en la iglesia en general. Más bien, la iglesia ha reacondicionado a los latinos para ver el beneficio de un control tan estricto de la información..

Capitulo 3

1. Schwarz, 68.
2. Billy Hornsby, "Implementing LDT" (Implementando LDT) , Cassette de audio, Centro de Oración Mundial Betania, 1996.
3. En la mayoría de estas iglesias celulares, la asistencia a la celebración se ve como un derivado natural de la vida celular. Se espera que todos los miembros celulares asistan al culto de la celebración; sin embargo los líderes no proclaman las metas de asistencia a la iglesia delante de la congregación. Christian Schwartz comparte un descubrimiento similar en "Natural Church development" (El Desarrollo Natural de la Iglesia). Creo fuertemente en las metas cuantitativas de asistencia, pero ya no estoy seguro si la proclamación pública de las metas de asistencia el domingo sirva de ayuda a la congregación para crecer porque es difícil de indicar la responsabilidad para lograr dichas metas. ¿Quién es responsable si sucede o no sucede? ¿La congregación, el pastor, la junta, todos? Sin embargo, las metas para la multiplicación de la célula son hechas primero por el equipo de líderes (pastores de distrito, pastores

de zona, etc.), y luego se anuncian a la congregación para estimulas la visión y el entusiasmo. Entonces las nuevas metas para los grupos celulares pueden ser supervisadas cuidadosamente durante todo el año.

4. David Cho, "Successful Home Cell Groups" (Grupos Celulares Exitosos en los Hogares, 93.
5. Idem., 107.
6. Ralph W. Neighbour, hijo, Adónde Vamos de Aquí (Houston, TX,: Touch Publications, Inc., 1990), 73-80 (1990: 73-80).
7. Me refiero aquí a los pastores, líderes de distrito, líderes de zona, supervisores, líderes celulares, y administración.
8. MCI, IE y CCG usan inclusive las casas para los grupos celulares de los niños, y todas las iglesias desarrollan ministerios para los jóvenes y adolescentes en los hogares.
9. La Iglesia Elim sigue la enseñanza expositiva en la reunión a la mitad de la semana y la Iglesia del Pleno Evangelio Yoido ha creado libros de lecciones celulares que siguen los pasados sermones de Cho y sus enseñanzas expositivas.

Capitulo 4

1. Michael Mack, "La Iglesia Sinérgica" (Grand Rapids, MI,: Baker Books, 1996), 55.

Capitulo 5

1. Larry Stockstill, "Comunidad: Una Iglesia de Relaciones", cassette de audio, Centro de Oración Mundial Betania, noviembre de 1997.
2. Larry Stockstill, ¿Por qué las Células?: Un Cambio del Paradigma, cassette de audio, Centro de Oración Mundial Betania, noviembre de 1997.
3. Carl George, "Prepare Su Iglesia para el Futuro" (Grand Rapids, MI,: Fleming H. Revell, 1992), 13-14.
4. Carl George, "Cómo Romper las Barreras del Crecimiento" (Grand Rapids, MI,: Baker Book House, 1993), 88-97.
5. George, Prepare Su Iglesia, 67.
6. Stockstill, La Iglesia Celular, 44.
7. Idem., 26.
8. Nuevo Diccionario Internacional del Nuevo Testamento, Colin Brown, ed., Vol. II (Grand Rapids: Zondervan, 1975), s.v. "casa".
9. Glen Martin y Gary MCIntosh, "Creando la Comunidad" (Nashville, TN,: Broadman & Holman Publishers, 1997), 140.
10. George, Como Romper, 136.
11. George Hunter III, "La Iglesia para los que no están Congregados" (Nashville, TN,: Abingdon Press, 1996), 48.
12. Everett M. Rogers, "La Difusión de las Innovaciones", ed 4. (Nueva York: The Free Press, 1995), 406.

Capítulo 6

1. Cuando los misioneros se fueron del país en 1949, había un millón de cristianos. Hoy las cifras conservadoras estiman que hay más de 50 millones de creyentes y tanto como 150 millones de personas.
2. F.F. Bruce, Las Epístolas de Efesios y Colosenses en El Nuevo Comentario Internacional del Nuevo Testamento (Grand Rapids, MI,: William B. Eerdmans Publishing Co., 1957), 310.
3. Robert Banks, La Idea de Pablo de la Comunidad (Peabody, MA,: Hendrickson Publishers, 1994), 42-43.
4. Juan Mallison, El Crecimiento de los Cristianos en Grupos Pequeños (Londres: Scripture Union, 1989), 5.
5. C. Kirk Hadaway, Francis M. DuBose, y Stuart A. Wright, Grupos Celulares en los Hogares e Iglesias en las Casas (Nashville, TN,: Broadman Press, 1987), pág. 40.
6. Kenneth Latourette, Los Comienzos hasta siglo XVI, Vol. 1 (Nueva York: Harper & Row, 1975), 131.
7. William Brown, "Haciendo Crecer la Iglesia a Través de los Grupos Pequeños en el Contexto Australiano," (Disertación D.Min., Seminario Teológico Fuller, 1992), 37.
8. Jim & Carol Plueddemann, Peregrinos en Marcha (Wheaton, IL,: Harold Shaw Publishers, 1990), 4.
9. Martin Lutero, "Prólogo a la Misa Alemana y Orden de Culto," en Obras de Lutero, Vol. 53, ed. Helmut T. Lehman, (Filadelfia, PA,: Fortress Press, 1965), 63-64.
10. Charles E. White, ed. "Relativo a los Cristianos Serios: Una Carta Recientemente Descubierta de Martin Lutero," Las Corrientes de la Teología y la Misión, 10 (5), 1983, 273-282.
11. Idem., 275.
12. Cita en la Red de los Grupos Pequeños, http://www.smallgroups.com/quotes.htm. Accedido sábado, 23 de mayo de 1998.
13. Rick Warren, La Iglesia Dirigida con Propósito (Grand Rapids, MI,: Zondervan Publishing House, 1995), 325-326.

Capítulo 7

1. Robert Wuthnow, Salgo más Fuerte: Cómo los Grupos Pequeños Están Dando Forma a la Religión Norteamericana (Grand Rapids, MI,: William B. Eerdmans Publishing Co., 1994), 370.
2. Idem., pág. 371.
3. En el libro de George "Prepare Su Iglesia Para El Futuro", Cho o la iglesia de Cho aparece en 13 páginas. En el más reciente libro de George, "La Próxima Revolución de la Iglesia", Cho es mencionado en nueve páginas. Algo similar ocurre en el libro de Neighbour "¿Adónde Vamos De Aquí?" y el libro de Galloway "Visión 20/20".
4. "¿Adónde Vamos De Aquí?", 68-69.
5. Elizabeth Farrell, "Evangelización Agresiva en una Metrópoli Asiática," Carisma, enero de 1996, 54-56.
6. George, "Prepare Su Iglesia", 57-84.

7. Capítulo 6, titulado "Identifique Sus Ratones," promueve la identificación de cualquier tipo de grupo pequeño en la iglesia. Esto es único tomado de la mayoría de las iglesias basadas en células. Sin embargo, se menciona muy poco sobre esta filosofía en "Prepare Su Iglesia para el Futuro".
8. Carl George, "La Próxima Revolución de la Iglesia" (Grand Rapids, MI,: Fleming H. Revell, 1994), 279-280.
9. Idem., 69-70.
10. Idem., 284.
11. David Limiero, "¿Meta, Modelo o Mártir? Tres Modelos para Introducir un Ministerio de los Grupos Pequeños en Su Iglesia," julio de 1996. http://smallgroups.com/models07.htm. Accedido: 22 de mayo de 1998.
12. Yo estudié la Iglesia Willow Creek Community, la Cincinnati Vineyard, la Iglesia Fairhaven Alianza, la Iglesia de la Comunidad Nueva Esperanza, la Iglesia Saddleback Community, y la Iglesia Comunidad Nueva Vida. ISC no usa el término Meta Modelo, pero su sistema del grupo pequeño es similar al de las otras cuatro. IWCC, CV y IFA reconocen todos que ellos están siguiendo el Modelo Meta. ICNE usa a menudo el término "meta" para describir su ministerio.
13. Cincinnati Vineyard pone todos sus grupos pequeños en su pizarra de anuncios.
14. El Gerente de Servicio de la Membresía de IWCC, Wayne, compartió esta información (847-765-0070 ext. 358). Su trabajo es proporcionar información acerca de Willow Creek a los interesados.
15. Linda ha estado trabajando en los ministerios de los grupos pequeños en Saddleback durante los últimos cuatro años.
16. Lyman Coleman, Conferencia del Programa para el Liderazgo Serendipity (Littleton, CO,: Serendipity Publishers, 1993), Sec. 4, 17.
17. Idem.
18. Idem., Sec. 2, p g. 21.
19. Idem., Sec. 4, p g. 21.
20. Ted Haggard en la Iglesia Nueva Vida en Colorado Springs, CO. Él llama a sus grupos celulares Células del Mercado Libre. Estas células (o grupos pequeños tipo Meta) duran un semestre y luego los miembros tienen la opción de continuar o encontrar otra célula. Haggard aclama la superioridad de este modelo debido a su política de "fácil entrada y fácil salida" (Ted Haggard, La Iglesia que Da Vida, Ventura, CA.,: Regal Books, 1998, 18). Haggard dice que la meta es relaciones a largo plazo.
21. Coleman, Sec. 4, pág. 13.
22. Hestenes es muy conocida por su especialización en el ministerio de los grupos pequeños y en particular por ser la portavoz para el Modelo del Pacto. Ella recibió su doctorado del Seminario Teológico Fuller y trabajó como profesora.
23. Coleman, Sec. 4, p g. 5.
24. Idem.
25. Idem., p g. 7.
26. Idem.
27. Sitio en la red de COMB: -www.bccn.com, miércoles, 20 de mayo de 1998.
28. En el Modelo de la Célula, todos estos son necesarios para tener una célula.

Por ejemplo, el Pastor Larry Stockstill del Centro de Oración Mundial Betania dejó de llamar su reunión del equipo de adoración un grupo celular porque no estaban evangelizando a los que no eran Cristianos.

Capitulo 8

1. George Barna, Iglesias Amistosas para el Usuario (Ventura, CA,: Regal Books, 1991), 51.
2. Billy Hornsby, Reteniendo la Cosecha, serie de cassettes de audio (enero de 1998).
3. Idem.

Capitulo 9

1. Pablo Yonggi Cho, "Successful Home Cell Groups" (Grupos Celulares Exitosos en los Hogares (Plainfield, NJ,: Logos International, 1981), 107.
2. César Castellanos, 10 Mandamientos para los Grupos Celulares, video de la Misión Carismática Internacional (Bogotá, Colombia, 1997).
3. David Yonggi Cho hizo estos comentarios durante las disertaciones en 1984 sobre el Crecimiento de la Iglesia en el Seminario Teológico Fuller.
4. Ralph Neighbour, hijo, "La Iglesia Celular Es una Iglesia que Ora," La Iglesia Celular, Vol. 3. No. 4 (Otoño 1994), 19.
5. Dale Galloway, El Libro Del Grupo Pequeño (Grand Rapids, MI,: Fleming H. Revell, 1995), 21.
6. David Yonggi Cho, Crecimiento de la Iglesia Manual No. 7 (Seul, Corea,: Crecimiento de la Iglesia Internacional, 1995), 23.
7. Idem., 27.
8. Cho, Crecimiento de la Iglesia y el Sistema Celular en los Hogares, 125.
9. Cho, Manual para el Crecimiento de la Iglesia No. 7, 21.
10. Larry Kreider se refirió a esta conversación con Cho durante un panel de discusión en el Seminario Pos Denominacional, Los Ángeles, CA, 22 de mayo de 1996.
11. Cho, Grupos Celulares Exitosos en los Hogares, 107.

Capitulo 10

1. Para más detalles, vea el apéndice en el que he listado una iglesia modelo para cada modelo principal (5x5, G-12, una combinación creativa). Mi disertación para el doctorado Ph.D., "El Ministerio Basado en las Células: Un Factor Positivo para el Crecimiento de la Iglesia en América Latina," está disponible a través de las Publicaciones TOUCH, Houston, TX..
2. Stockstill," La Iglesia Celular", 47.
3. El Centro de Oración Mundial Betania basa sus distritos geográficos en los códigos postales (ZIP).
4. Queda un remanente del sistema geográfico anterior (ya que MCI originalmente basó su sistema en las divisiones geográficas), pero ya no se promueve.

5. Entiéndase que éste es el ideal pero que la numeración 5x5 no siempre se conserva. Elim, por ejemplo, tenía algunos pastores con ocho zonas (en lugar de cinco zonas) bajo cada pastor de distrito.
6. Ralph W. Neighbour, hijo, "Estructurando Su Iglesia para Crecimiento," CellChurch, Vol. 7, no. 2, 15.
7. Idem.
8. Steven L. Ogne. Cassette de audio, Capacitando a Los Líderes por Mediodel Adistramiento (Carol Stream, IL: Recursos de ChurchSmart, 1995).

Capitulo 11

1. George, Prepare, 98.
2. Citado en "las Barreras al Crecimiento," de Ralph W. Neighbour, hijo, CellChurch Vol. 6, no.3 (Verano 1997), 16.
3. Ralph W. Neighbour, hijo, El Equipo de Llegada (Houston, TX,: Touch Publications, 1993) 11.

Capitulo 12

1. Stockstill, La Iglesia Celular, 19.
2. George Barna, El Poder de la Visión (Ventura, CA,: Regal Books, 1992), 143.
3. El Centro de Oración Mundial Betania e Iglesia Bautista Comunidad de Fe no tomaron ofrendas.

Capitulo 13

1. Schwarz, 31.
2. Los cultos del domingo declaran a los miembros celulares que los líderes de las células también reciben cuidados pastorales. Los miembros saben que disponen de la ayuda profesional para ciertas situaciones de consejería, bodas, entierros, etc. Además, en el culto de la celebración, los miembros celulares son parte de algo mayor que su célula individual. Las iglesias celulares dependen del personal pastoral superior para proporcionar los estudios, entrenar líderes, predicar la Biblia, y realizar matrimonios y otras funciones pastorales.
3. La mayoría de las iglesias celulares reservan la Cena de Señor y el bautismo para el culto de la celebración, y esta carga del ministerio es compartida entre el personal pastoral. Siete de las ocho iglesias celulares estudiados administran las ordenanzas durante el culto de la celebración, siendo la IBCF la única excepción. En la IBCF la Cena del Señor tiene lugar en las células individuales. Una razón principal que la mayoría de las iglesias celulares prefieren la atmósfera de la celebración es porque ayuda a evitar la diferencia con la "iglesia en los hogares". Muchas iglesias celulares también vacilan para poner a los líderes celulares en la posición de administrar la Cena de Señor en la célula porque a muchos líderes celulares les falta el entrenamiento formal y madurez. Debemos recordar que esos líderes celulares son facilitadores, no los pastores formales.

4. Un equipo de nuestra iglesia en Quito, Ecuador, visitó recientemente la Iglesia Elim e informó que aproximadamente 50 personas reciben a Jesucristo como Salvador en cada uno de los seis cultos de adoración del domingo.

Capitulo 14

1. Lyle Schaller, Planificación de la Parroquia según lo cita C.Kirk Hadaway en Principios para el Crecimiento de la Iglesia,: Separando los Hechos de la Ficción (Nashville, TN,: Broadman Press, 1991), 111.
2. Robert J. Clinton, Estrategias como Puentes (Altadena, CA,: Barnabas Publishers, 1992), 2-13.
3. Idem.
4. Seminario de Entrenamiento Celular Avanzado, (Houston, TX,: TOUCH Outreach Ministeries Inc., 1998), pág. 2 de Día 3, Sesión 2.
5. Idem., Pág. 4 de Día 3, Sesión 1.
6. Clinton, 2-10.
7. Everett M. Rogers, La Difusión de las Innovaciones, ed 4. (Nueva York: La Prensa Libre, 1995), 7-8.

Capitulo 15

1. Michael Mack, "Seis Razones para el Fracaso de los Pequeños Grupos Norteamericanos," Ministeries Today (Mayo/Junio 1993).
2. Entrenamiento Shane Crawford, "Finalmente! Una Explicación Sencilla," CellChurch, Vol. 7 no. 1 (invierno 1998), 12.
3. Entrenamiento Celular Avanzado, p. 3 de Día 3, Sesión 2.
4. Carl George, Cómo Romper las Barreras del Crecimiento (Grand Rapids: Baker Book House, 1993), 114.
5. Ralph W. Neighbour, hijo, Seminario Introductorio de la Iglesia Celular, Miami,: FL, 1996 (Houston, TX,: Touch Outreach Ministeries), pp. 2-6 de sección titulada "Realizando la Transición de una Iglesia Tradicional a una Iglesia Basada en Células."
6. Idem.
7. Stockstill, La Iglesia Celular, 21-22.
8. Reconozco que Larry Stockstill es el hijo del fundador (Roy Stockstill). Sin embargo, el principio es el mismo. El Pastor Roy pasó su autoridad a su hijo Larry y la congregación respetó ese traslado de autoridad.
9. William A. Beckham, La Segunda Reforma (Houston, TX,: Touch Publications, 1995), 168. Como una nota aparte, yo recomiendo que todo el personal pastoral continúe dirigiendo su propio grupo celular - aun después de llegar a ser una iglesia celular completa. Usted necesita continuar experimentando la vida celular y modelarlo para su grey. Si no puede multiplicar su célula, por ejemplo, cómo puede esperar esto de los demás.
10. Galloway, 42.
11. Pablo Yonggi Cho, Grupos Celulares Exitosos en los Hogares, 111.

12. Según Ralph Neighbour, hijo, después de dos meses de entrenamiento dentro del grupo celular, los discípulos originales comenzarán sus propios grupos celulares.
13. Ralph W. Neighbour, hijo, "Realizando la Transición de una Iglesia Tradicional a una Iglesia Basada en Células."

www.ingramcontent.com/pod-product-compliance
Lightning Source LLC
LaVergne TN
LVHW041334080426
835512LV00006B/443